Ullstein

D1670989

Über das Buch:

Jährlich heiraten in Berlin rund 16.000 Paare. Damit der »schönste Tag im Leben« auch wirklich unvergeßlich und nicht zum Reinfall wird, hat Eusebia de Pol praktische Tips und nützliche Adressen für Berliner Hochzeitspaare zusammengestellt – ein Nachschlagewerk mit hilfreichen Informationen von der ersten Kostenaufstellung bis zu den Flitterwochen.
So wissen die wenigsten, daß die meisten Berliner Standesämter mittlerweile schöne Alternativprogramme zur kirchlichen Hochzeit anbieten, die für manchen Heiratsmuffel durchaus attraktiv sein können. Die Heiratswilligen finden Vorschläge für die romantischsten Kirchen in Berlin, die festlichsten und außergewöhnlichsten Räumlichkeiten zum Feiern sowie Adressen von Partyservice-Unternehmen, Fahrzeugverleihen, Fotografen, Konditoreien und Blumenläden. Für die Gestaltung der privaten Feier bietet der Ratgeber eine breite Palette an Ideen und Vorschlägen. Aber nicht nur der Tag der Eheschließung selbst kann auf diese Weise gut geplant werden. Die nützlichen Hinweise für die Bestellung des Aufgebots mit Öffnungszeiten der Standesämter und einer Auflistung der nötigen Papiere können die Organisation um einiges erleichtern, schonen die angespannten Nerven und sparen wertvolle Zeit. Angaben über Druckereien, bei denen Einladungen und Menükarten in Auftrag gegeben werden können, sind ebenso aufgeführt wie Berliner Tanzschulen, die dem Brautpaar in einem Crash-Kurs die Standardtänze beibringen. Auch um das leidige Thema Kleidung braucht man sich keine Sorgen zu machen – von Secondhand-Brautmode bis Designermodelle ist alles vorhanden.

Die Autorin:

Eusebia de Pol ist Kommunikationswissenschaftlerin (M. A.) und lebt seit 12 Jahren in Berlin. Neben Tätigkeiten für Forschungsinstitute, Fernsehsender und Veranstaltungsagenturen arbeitet sie seit 1998 auch als freie Autorin und Rechercheurin. »Heiraten in Berlin« ist ihr erstes Buch.

Eusebia de Pol

Heiraten in Berlin

Tips, Informationen und Adressen

Ullstein

Ullstein Buchverlage GmbH & Co. KG, Berlin
Taschenbuchnummer: 35890

Originalausgabe April 1999

Umschlaggestaltung: Vera Bauer
Foto: © Luigi Manca, Tony Stone
© 1999 by Ullstein Buchverlage GmbH & Co. KG, Berlin

Printed in Germany 1999

ISBN 3 548 35890 X

Gedruckt auf alterungsbeständigem Papier
mit chlorfreiem Zellstoff

Die Deutsche Bibliothek – CIP-Einheitsaufnahme

Pol, Eusebia de:
Heiraten in Berlin : Tips, Informationen und Adressen /
Eusebia de Pol. - Orig.-Ausg. - Berlin : Ullstein, 1999
    (Ullstein-Buch ; Nr. 35890)
    ISBN 3-548-35890-X

Inhalt

1. Einleitung

»Willst Du mich heiraten?«

Wird diese Frage gestellt, ist die Freude in der Regel sehr groß. In der ersten Euphorie glaubt man, eigentlich nur »ja« sagen zu müssen. Doch bis der Gang zum Standesamt stattfindet oder die Hochzeitsglocken läuten, muß noch allerhand beachtet und getan werden. In Berlin heiraten jährlich rund 16 000 Paare. Am Anfang stehen unendlich viele Fragen. Doch wie die richtigen Antworten finden und einen Überblick über all die verschiedenen Möglichkeiten bekommen? Wie plant man eine Hochzeit? Welche festlichen oder außergewöhnlichen Räumlichkeiten kommen in Berlin und Umgebung in Frage? Welche Berliner Designer entwerfen individuelle Brautmoden? Wo sind die schönsten und romantischsten Kirchen? Welche Alternativprogramme bieten die Standesämter den erklärten Kirchenmuffeln? Diese und noch viel mehr Informationen finden Heiratswillige in diesem Buch. Es hält Tips rund um das Thema Heiraten in Berlin bereit und stellt alle wichtigen Dienstleistungen und Angebote vor.

Wirft man einen Blick nach Amerika, so wird deutlich, daß der Hochzeitsmarkt dort einen gewaltigen Dienstleistungszweig darstellt. Man sollte meinen, daß davon auch etwas in Berlin zu spüren sein müßte. Doch was auf den alljährlichen Hochzeitsmessen in Berlin zu sehen ist, wirkt vergleichsweise rückständig und mitunter antiquiert. Neue Ideen müssen her! »Heiraten in Berlin« möchte einige »frische« Ideen zum Thema Hochzeit vorstellen. Aber keine Sorge, das Buch vermittelt natürlich auch alles, was Sie wissen müssen, wenn Sie auf die bewährte traditionelle

Weise heiraten möchten. Es zeigt aber darüber hinaus auch viele neue und für uns vielleicht noch etwas ungewohnte Alternativen auf. Denn ist es erst einmal möglich, den Standesbeamten oder auch den Pfarrer aus den üblichen Räumlichkeiten zu locken, kann sich das Hochzeitsfest viel individueller als gewohnt gestalten.

Für Dienstleister in Sachen Heiraten stehen in Berlin noch viele Türen offen. Welche Stadt, wenn nicht Berlin, wäre geeignet, zur deutschen Metropole des Heiratens zu werden, so wie Las Vegas oder New York in den USA? »Wedding« – der Name des Berliner Stadtteils könnte als Programm verstanden werden, ein kleines Heiratsparadies werden. Und wenn man die Namen der Straßen Berlins aufmerksam liest, ergibt sich eine romantische Geschichte mit Happy-End: Kavalier, Rosen, Herzblatt, Lieben, Heiterkeit, Lustgarten, Bleibtreu, Monbijou, Ring, Neues Heim, Zufriedenheit, Wohlgemuth, Neues Leben, Zukunft … Es liegt auch in den Händen der Dienstleister Berlins, solche Geschichten wahr werden zu lassen.

Ob Sie nun als Berliner oder als Tourist in dieses Buch schauen, im großen oder kleinen Rahmen heiraten und feiern möchten, eine effiziente und frühzeitige Planung ist die Grundlage für eine gelungene Hochzeit. Das Kapitel »Hochzeitsplan« zeigt alle Phasen der Vorbereitung mit den jeweiligen Schritten auf. Die darauffolgenden Kapitel sind, soweit möglich, chronologisch im Sinne der Hochzeitsplanung angeordnet. So verschafft Ihnen beispielsweise das Kapitel »Kostenaufstellung« eine erste Vorstellung davon, mit welchem Budget sich Ihre Feier finanzieren läßt. Wichtig ist dabei zu wissen, in welchem Rahmen, zu welcher Jahreszeit, mit wie vielen Gästen und in welchem Stil die Feier stattfinden soll – traditionell, eher romantisch oder einfach eine kleine Party?

Wofür Sie sich auch entscheiden, dieses Buch bietet Ihnen einen detaillierten »Fahrplan« mit allen wichtigen Informationen und Adressen rund ums Heiraten in Berlin. Dieser Plan hilft Ihnen, sich bei Ihrer Hochzeitsplanung im Großstadtdschungel Berlin und seinen vielen Möglichkeiten besser zurechtzufinden. Wenn Sie Schritt für Schritt die im Hochzeitsplan aufgeführten Punkte abarbeiten und dabei die Tips in den einzelnen Kapiteln berücksichtigen, werden Sie nichts vergessen und sich sicher fühlen. Lassen Sie sich von den Ratschlägen und Beschreibungen möglicher Abläufe von Hochzeitsfeiern inspirieren, wenn Sie Ihr eigenes Programm individuell zusammenstellen.

Die Adressenvorschläge in den Kapiteln dienen zur ersten Orientierung und sollen Ihnen die mühselige Arbeit der Recherche abnehmen. Grundsätzlich gilt natürlich, daß Sie alle Lokalitäten, Geschäfte oder Dienstleistungsunternehmen, die Sie in Betracht ziehen, vor Ihrer Hochzeit kennenlernen sollten.

Nutzen Sie das Buch als Ratgeber und Nachschlagewerk. Ob Sie standesamtlich oder auch kirchlich, im kleinen oder im großen Rahmen feiern – bedenken Sie immer: Es ist Ihr Fest. Lassen Sie sich nicht allzusehr von Ihrer Familie oder Ihren Freunden beeinflussen. Sie können es sowieso nicht allen recht machen. Es wird immer jemanden geben, der bessere Vorschläge oder andere Ideen hat. Bleiben Sie standhaft und richten Sie Ihren Tag, der ja schließlich der schönste Tag im Leben werden soll, nach Ihren eigenen Vorstellungen aus. Einigen Sie sich vor allem mit Ihrem zukünftigen Ehepartner. Mit ihm werden Sie vielleicht den Rest Ihres Lebens verbringen.

2. Hochzeitsplan

Der folgende Hochzeitsplan bringt die Kapitel dieses Buches in einen chronologischen Zusammenhang. Anfangs ist man häufig ratlos, womit man beginnen soll und was später erledigt werden kann. Im Idealfall beginnt Ihre Planung bereits neun Monate vor dem großen Tag. »Heiraten in Berlin« ist so aufgebaut, daß Sie, wenn Sie sich der Reihe nach mit den einzelnen Kapiteln beschäftigen, einen lückenlosen Plan erhalten. Auf das Kapitel »Nützliche Informationen« werden Sie dabei an verschiedenen Stellen der Lektüre und Planung zurückkommen. Mit einigen Planungspunkten und Kapiteln werden Sie sich naturgemäß öfter beschäftigen, z. B. mit der Gästeliste. Im Hochzeitsplan sind solche Wiederholungen mit »Whg.« gekennzeichnet.

Selbstverständlich hat nicht jedes Paar neun Monate Zeit oder Lust, sich mit seiner Hochzeit zu befassen. Daher sind alle Kapitel so geschrieben, daß Sie sie auch in beliebiger Reihenfolge lesen können.

9 Monate

Was ist zu tun?	Kapitel
Budget prüfen, erste Kostenübersicht erstellen	▶ **Kostenaufstellung**
Kirchen besichtigen, Termin mit Pfarrer oder Pastor vereinbaren	▶ **Auswahl der beliebtesten Hochzeitskirchen**

Gegebenenfalls geeigneten Rechtsanwalt aufsuchen	▶ **Der Ehevertrag**
Gespräche führen, Ideen sammeln	▶ **Berliner Termine rund um die Hochzeit**
Ideen sammeln, Zeitschriften, eventuell Bücher kaufen	▶ **Zeitschriften zum Thema Heiraten**

8 Monate

Was ist zu tun?	Kapitel
Veranstaltungsagentur oder Zeremonienmeister auswählen	▶ **Hochzeitsorganisation**
Vorläufige Gästeliste erstellen	▶ **Gästeliste**

7 Monate

Was ist zu tun?	Kapitel
Lokalität aussuchen, Option geben lassen oder gleich buchen, wenn kirchlicher Termin feststeht	▶ **Orte zum Feiern in Berlin und Umgebung**
Essen für gesamte Feier zusammenstellen	▶ **Hochzeitsverköstigung**

6 Monate

Was ist zu tun?	Kapitel
Termin mit Standesamt vereinbaren, alle Unterlagen mitnehmen	▶ **Berliner Standesämter**
Reise planen, auswählen, buchen	▶ **Hochzeitsreise**

5 Monate

Was ist zu tun?	Kapitel
Musik aussuchen	▶ **Musikalische Umrahmung**
Spezielle Auftritte auswählen	▶ **Kleinkünstler**
Fotograf, Videofilmer auswählen	▶ **Hochzeitsbilder**
Blumen aussuchen, Arrangements besprechen	▶ **Blumendekoration**
Hochzeitsfahrzeuge auswählen, buchen	▶ **Hochzeitsfahrzeuge**

4 Monate

Was ist zu tun?	Kapitel
Hochzeitskleidung auswählen	▶ **Von Kopf bis Fuß**
Trauringe und Schmuck auswählen	▶ **Von Kopf bis Fuß**
Hochzeitsgeschenke aussuchen	▶ **Hochzeitsgeschenke**
Gesellschaftstänze auffrischen	▶ **Tanzschulen, die Hochzeitspakete anbieten**

3 Monate

Was ist zu tun?	Kapitel
Einladungen, Tisch-, Menükarten etc. konzipieren, gestalten (lassen)	▶ **Drucksachen**
Hochzeitsverköstigung, erneut alles durchgehen	▶ **Hochzeitsverköstigung (Whg.)**

2 Monate

Was ist zu tun?	Kapitel
Endgültige Gästeliste erstellen	► Gästeliste (Whg.)
Gesamtes Blumenarrangement überprüfen	► Blumendekoration (Whg.)
Hochzeitstorte bestellen	► Hochzeitsverkösti- gung (Whg.)
Friseur, Make-up-Beratung	► Von Kopf bis Fuß (Whg.)

4 Wochen

Was ist zu tun?	Kapitel
Probe in der Kirche	► Hochzeitsorganisation (Whg.)
Alle Hochzeitskleider anprobieren	► Von Kopf bis Fuß (Whg.)
Hochzeitsschuhe einlaufen	► Von Kopf bis Fuß (Whg.)
Hochzeitsanzeige aufgeben	► Hochzeitsanzeige

2 Wochen

Was ist zu tun?	Kapitel
Tischordnung festlegen	► Tischordnung
Kosmetikerin aufsuchen	► Von Kopf bis Fuß (Whg.)

1 Woche

Was ist zu tun?	Kapitel
Am Wochenende relaxen, Sauna, Sonnenstudio, Whirlpool, Massagen, Spaziergänge	▶ **Von Kopf bis Fuß (Whg.)**
Bräutigam bestellt Brautstrauß (Whg.)	▶ **Blumendekoration**
Alle Dienstleister instruieren, Termine bestätigen lassen	▶ **Hochzeitsorganisation (Whg.)**
Gestaltung der Feier mit Partner besprechen	▶ **Reden, Gastauftritte und Spiele**
Bräutigam Friseur, Nagelstudio	▶ **Von Kopf bis Fuß (Whg.)**
Koffer soweit wie möglich packen	▶ **Hochzeitsreise (Whg.)**
Zeitplan für Tag X erstellen und Hochzeitsorganisation bzw. Zeremonienmeister aushändigen	▶ **Der Zeitplan für den großen Tag**

Tag X

Was ist zu tun?	Kapitel
Personalausweis und Ringe nicht vergessen!	
Wetterinformationen abrufen	▶ **Nützliche Informationen**

3. Kostenaufstellung

Die Kosten für eine Hochzeit werden heute in der Regel von beiden Parteien getragen. Sowohl die Eltern der Braut als auch die Eltern des Bräutigams, oder nur noch Braut und Bräutigam tragen die Finanzierung der Hochzeit gemeinsam. Traditionell zahlt der Brautvater das Fest, während der Bräutigam die Kosten für das Standesamt und den Blumenschmuck übernimmt.

Setzen Sie sich gemütlich zusammen und überlegen Sie, wieviel Geld Ihnen für Ihre Hochzeit zur Verfügung steht. Sie sollten sich keineswegs übermäßig verschulden, denn das wäre kein guter Start ins Eheleben. Reden Sie gegebenenfalls mit Ihren Eltern oder nahestehenden Personen über die Finanzierung und legen Sie ein Budget fest. Führen Sie sich in aller Ruhe vor Augen, was Ihnen an Ihrer Hochzeit am wichtigsten ist: die Zeremonie in der Kirche, das Zusammensein mit Ihren Liebsten, ein verrücktes und außergewöhnliches Fest oder nur eine Heirat in aller Stille? Berücksichtigen Sie gegenseitig Ihre Wünsche und einigen Sie sich gütlich. Es ist Ihr gemeinsames Fest! Gehen Sie die weiter unten im Kostenplan aufgelisteten Punkte durch und schätzen Sie ab, wieviel Sie für den einen oder anderen Posten ausgeben möchten. Dieser Kostenplan ist nur ein Muster. Wenn Sie sich damit beschäftigen, wird Ihnen klarer werden, was für eine Art von Hochzeitsfest Sie sich eigentlich wünschen. Vergleichen Sie die von Ihnen geschätzten Ausgaben mit den tatsächlichen Preisen, indem Sie sich telefonisch bei verschiedenen Anbietern danach erkundigen. Die Adressen finden Sie in den jeweiligen Kapiteln. Sind die Kosten höher als

Kostenplan für 100 Personen

Position	Geschätzte Kosten in DM	Ihre Schätzung in DM	Tatsächliche Kosten in DM
Kirche	100,–		
Der Ehevertrag	200,–		
Berliner Termine	50,–		
Zeitschriften	100,–		
Organisation	1000,–		
Orte	1000,–		
Verköstigung	10 000,–		
Standesamt	100,–		
Hochzeitsreise	3000,–		
Musik	900,–		
Kleinkünstler	500,–		
Hochzeitsbilder	500,–		
Blumen	600,–		
Fahrzeug	600,–		
Kopf bis Fuß	4800,–		
Trauringe	800,–		
Tanzschule	250,–		
Drucksachen	400,–		
Hochzeitsanzeige	100,–		
Sonstiges			
Gesamtbetrag	**25 000,–**		

erwartet, sollten Sie weitere Angebote einholen. Es gibt immer eine Alternative!

Um Ihnen eine erste Vorstellung zu vermitteln, geht der Kostenplan von einer Hochzeitsfeier für 100 Personen und einem Budget von ca. 25 000 DM aus. Nach oben hin sind keine Grenzen gesetzt. Natürlich können Sie Ihr Fest auch preiswerter gestalten. Je mehr Sie selbst in die Hand nehmen können, desto weniger kostet das Ganze. Haben Sie keine Bedenken, daß Ihr Fest dadurch »billig« wirkt. Wählen Sie nur die für Sie wichtigen Dinge aus der Auflistung und beauftragen Sie Freunde oder Verwandte, das eine oder andere beizusteuern. Vieles können Sie auch ohne professionelle Hilfe erledigen. Das Fest trägt dadurch Ihre individuelle Handschrift, und die Gäste werden es Ihnen danken. Nichts ist trauriger als ein steifes, perfekt organisiertes Fest, auf dem keine Stimmung aufkommen mag, auch wenn es noch so teuer war.

4. Auswahl der beliebtesten Hochzeitskirchen

Heiraten ist für viele künftige Ehepaare sehr stark mit einer kirchlichen Trauung verbunden. Ganz gleich, wie oft die Gotteshäuser in der Vergangenheit aufgesucht wurden, die Festlichkeit und Andacht der kirchlichen Trauungszeremonie sind für die meisten Hochzeitspaare von großer Bedeutung und kaum durch eine Alternative zu übertreffen. Besonders die alten Dorfkirchen in Berlin, deren Entstehung zum Teil bis ins Mittelalter zurückgeht, bieten sich für eine festliche und romantische Hochzeitszeremonie an. Die protestantischen Kirchengemeinden können mit einer ganzen Reihe solcher Kirchen aufwarten. Bei den Katholiken ist es schon etwas schwieriger. Es gibt nur wenige Kirchen in Berlin mit einer idyllischen Atmosphäre. Die großen Stadtkirchen sind aber auch sehr interessant, beispielsweise die Gedächtniskirche oder der Berliner Dom, die mit Sicherheit einen festlichen Rahmen bieten können.

Natürlich bestehen auch andere Möglichkeiten, sich kirchlich trauen zu lassen. Sprechen Sie mit Ihrem Geistlichen darüber, ob er Sie auch außerhalb der Kirche trauen würde, etwa auf einem Schiff oder unter freiem Himmel. Allerdings gilt – das wurde mir bei meiner Recherche für dieses Buch ans Herz gelegt –: Der wahre Christ feiert am liebsten in und mit seiner Gemeinde, so daß Äußerlichkeiten nicht allzusehr von Bedeutung sein sollten.

4.1 Evangelische Kirchen

*Evangelische Kirchen-
gemeinden in Charlottenburg*

Dorfkirche am Lietzensee
Herbartstr. 4
14057 Berlin
Tel.: 32 67 18-01

Kaiser-Wilhelm-Gedächtnis-
kirche, Gemeindeamt
Lietzenburger Str. 39
10789 Berlin
Tel.: 218 50 23

*Evangelische Kirchen-
gemeinden in Mitte*

Berliner Dom
Lustgarten
10178 Berlin
Tel.: 202 69-0

Berliner Dom

Französischer Dom

Französische
Friedrichstadtkirche
(Französischer Dom)
Kirchenmeisterbüro
Gendarmenmarkt 5
10117 Berlin
Tel.: 204 15 07

St. Marien
Gemeindebüro
Karl-Liebknecht-Str. 8
10178 Berlin
Tel.: 242 44 67

Evangelische Kirchen-
gemeinde in Friedrichshain

Dorfkirche Zwingli-Stralau
Gemeindebüro
Pfarrer Klose
Rudolfstr. 14
10245 Berlin
Tel.: 291 12 72

Evangelische Kirchen-
gemeinden in Köpenick

Dorfkirche Rahnsdorf
Gemeindebüro
Eichbergstr. 16
12589 Berlin
Tel.: 648 91 28

Dorfkirche Schmöckwitz
Gemeindebüro
Alt-Schmöckwitz 1
12527 Berlin
Tel.: 675 81 17

Reformierte Schloßkirche
Köpenick
Pfarrer Greulich
Freiheit 14
12555 Berlin
Tel.: 655 70 32

Evangelische Kirchen-
gemeinde in Lichtenberg

Dorfkirche Friedrichsfelde
Gemeindebüro
Am Tierpark 28
10315 Berlin
Tel.: 512 91 03

Evangelische Kirchen-
gemeinden in Marzahn

Dorfkirche Alt-Biesdorf
Gemeindebüro,
Pfarrer Wichmann
Alt-Biesdorf 59
12683 Berlin
Tel.: 514 35 93

Dorfkirche Marzahn
Gemeindebüro, Pfarrer Zietz
Alt-Marzahn 61
12685 Berlin
Tel.: 541 90 19

*Evangelische Kirchen-
gemeinden in Neukölln*

Dorfkirche Alt-Buckow
Gemeindebüro
Alt-Buckow 34
12349 Berlin
Tel.: 604 10 10

Dorfkirche Bethlehem
(böhm.luth.), Küsterei
Wilhelm-Busch-Str. 12
12043 Berlin
Tel.: 687 12 45

Dorfkirchgemeinde Britz
Küsterei
Backbergstr. 38
12359 Berlin
Tel.: 606 29 12

Dorfkirche Rudow
Küsterei
Köpenickerstr. 187
12355 Berlin
Tel.: 66 99 26-0

*Evangelische Kirchen-
gemeinden in Pankow*

Dorfkirche Alt-Pankow
Gemeindebüro
Hadlichstr. 2
13187 Berlin
Tel.: 47 53 42 53

Dorfkirche Blankenburg
Gemeindebüro,
Pfarrer Ninnemann
Alt-Blankenburg 17
13129 Berlin
Tel.: 474 27 77

Dorfkirche Blankenfelde
Gemeindebüro,
Pfarrer Burmeister
Hauptstr. 38
13159 Berlin
Tel.: 913 11 25

Schloßkirche Buch
Gemeindebüro,
Pfarrerin Hermisson
Alt-Buch 36
13125 Berlin
Tel.: 949 71 63

Dorfkirche Buchholz
Gemeindebüro,
Pfarrer Thaens

Dorfkirche Lübars

Hauptstr. 58
13127 Berlin
Tel.: 474 28 50

Dorfkirche Karow
Gemeindehaus
Alt-Karow 55
13125 Berlin
Tel.: 943 01 01

Dorfkirche Rosenthal
Gemeindebüro
Hauptstr. 138
13158 Berlin
Tel.: 912 36 00

Evangelische Kirchen-
gemeinden in Reinickendorf

Dorfkirche Alt-Reinickendorf
Gemeindebüro
Alt-Reinickendorf 21
13407 Berlin
Tel.: 495 30 48

Dorfkirche Alt-Tegel
Gemeindebüro
Veitstr. 16
13507 Berlin
Tel.: 433 60 14

Dorfkirche Alt-Wittenau
Gemeindebüro
Alt-Wittenau 64
13437 Berlin
Tel.: 411 10 18

Dorfgemeinde Heiligensee
Gemeindebüro
Alt-Heiligensee 45
13503 Berlin
Tel.: 431 19 09

Dorfkirche Hermsdorf
Gemeindebüro
Wachsmuthstr. 24
13467 Berlin
Tel.: 404 84 52

Dorfkirche Lübars
Pfarrer Luther
Alt-Lübars 24
13469 Berlin
Tel.: 402 72 85

Evangelische Kirchen-
gemeinden in Spandau

Dorfkirche Alt-Staaken
Gemeindehaus,
Pfarrer Rauer
Hauptstr. 12
13591 Berlin
Tel.: 363 26 03

Dorfgemeinde Gatow
Gemeindebüro
Plievierstr. 3
14089 Berlin
Tel.: 361 80 95

Dorfkirche Kladow
Pfarrer Langner
Alt-Kladow 22
14089 Berlin
Tel.: 365 59 85

*Evangelische Kirchen-
gemeinden in Steglitz*

Dorfkirche Giesensdorf
Küsterei
Ostpreußendamm 64
12207 Berlin
Tel.: 712 20 05

Dorfgemeinde Lankwitz
Küsterei
Alt-Lankwitz 15
12247 Berlin
Tel.: 779 90 90-0

*Evangelische Kirchen-
gemeinden in Tempelhof*

Dorfkirche Lichtenrade
Küsterei
Finchleystr. 10
12305 Berlin
Tel.: 745 80 01

Dorfkirche Marienfelde
Küsterei
An der Dorfkirche 5
12277 Berlin
Tel.: 721 80 36

Dorfkirche Alt-Mariendorf
Küsterei
Alt-Mariendorf 39

12107 Berlin
Tel.: 706 50 05

Dorfkirche Reinhardtplatz
Küsterei
Kaiserin-Augusta-Str. 23
12103 Berlin
Tel.: 752 60 82

*Evangelische Kirchen-
gemeinden in Treptow*

Dorfkirche Altglienicke
Gemeindebüro
Alt-Köpenick 35
12555 Berlin
Tel.: 672 83 81

Dorfkirche Bohnsdorf
Dorfplatz 21
12526 Berlin
Tel.: 676 31 05

*Evangelische Kirchen-
gemeinde in Weißensee*

Dorfkirche Weißensee
Gemeindebüro
Max-Steinke-Str. 22
13086 Berlin
Tel.: 925 22 39

Nikolskoe

Evangelische Kirchen-
gemeinde in Wilmersdorf

Dorfkirche Alt-Schmargendorf
Gemeindebüro
Misdroyerstr. 39
14199 Berlin
Tel.: 824 44 16

Evangelische Kirchen-
gemeinde in Zehlendorf

Alte Dorfkirche Zehlendorf
Paulusgemeinde
Küsterei Pfarramt
Teltower Damm 4
14169 Berlin
Tel.: 809 83-20

Dorfkirche Dahlem
St. Annen
Gemeindebüro
Thielallee 1
14195 Berlin
Tel.: 84 17 05-0

Nikolskoe
St. Peter und Paul
Nikolskoer Weg 17
14109 Berlin
Tel.: 805 21 00

Nikolassee
Gemeindebüro
Kirchweg 6
14129 Berlin
Tel.: 803 30 86

Dorfkirche Wannsee
Andreaskirche
Gemeindebüro,
Pfarrer Marcus
Schuchardtweg 5
14109 Berlin
Tel.: 805 16 50

4.2 Katholische Kirchen

Katholisches Pfarramt
Spandau

Kleine St. Marien Kirche
Behnitz 9
13597 Berlin
bitte wenden an:
Flankenschanze 43
13585 Berlin
Tel.: 35 39 63-0

Katholisches Pfarramt
Marzahn

Kapelle Herz Jesu
Fortunaallee 27
12683 Berlin
Tel.: 514 39 50

Katholisches Pfarramt
Prenzlauer Berg

Herz Jesu Kirche
Fehrbelliner Str. 98/99
10119 Berlin
Tel.: 44 38 94-0

St. Ludwig Kirche

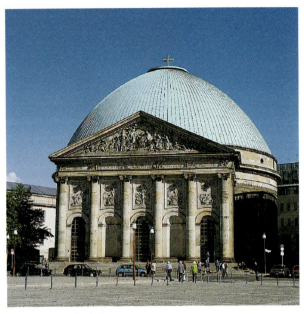

St. Hedwigs Kathedrale

*Katholische Pfarrämter
Zehlendorf*

St. Bernhard Kirche
Königin-Luise-Str. 33
14195 Berlin
Tel.: 832 86 09

Herz Jesu Kirche
Riemeisterstr. 2
14169 Berlin
Tel.: 801 70 40

*Katholisches Pfarramt
Kreuzberg*

St. Johannes-Basilika
Lilienthalstr. 5
10965 Berlin
Tel.: 691 25 85

*Katholische Pfarrämter
Schöneberg*

St. Elisabeth Kirche
Kolonnenstr. 38/39
10829 Berlin
Tel.: 782 12 68

St. Matthias Kirche
Goltzstr. 29
10721 Berlin
Tel.: 216 30 57

*Katholisches Pfarramt
Wilmersdorf*

St. Ludwig Kirche
Ludwigkirchplatz
10719 Berlin
Tel.: 88 59 59-0

*Katholisches Pfarramt
Tiergarten*

St. Paulus
Oldenburgerstr. 46

10551 Berlin
Tel.: 395 70 97

*Katholisches Pfarramt
Wedding*

St. Sebastian
Feldstr. 4
13355 Berlin
Tel.: 463 50 15

Katholisches Pfarramt Steglitz

Rosenkranz Basilika
Deitmerstr. 14
12163 Berlin
Tel.: 791 40 16

Katholisches Pfarramt Mitte

St. Hedwig Kathedrale
Hinter der Katholischen
Kirche 3
10117 Berlin
Tel.: 203 48 10

4.3 Praktische Hinweise

Je beliebter eine Kirchengemeinde ist, desto früher sollten Sie sich um einen Termin kümmern. Es kann ratsam sein, etwa schon ein Jahr im voraus mit dem zuständigen Pfarramt in Kontakt zu treten. Ganz kurzfristige Trauungen innerhalb von ein paar Tagen oder Wochen sind nur in Notfällen wie Schwangerschaft und Krankheit möglich. Denken Sie bitte bei Ihrer Zeitplanung daran, daß eine kirchliche Trauung in der Regel zwischen einer und einer dreiviertel Stunde dauert. Bevor Sie das obligatorische, sogenannte Traugespräch mit Ihrem Geistlichen führen, sollten Sie noch folgendes beachten:

Wenn beide Partner einer christlichen Religion angehören, muß ein Partner nicht mehr konvertieren, um in der Kirchengemeinde des zukünftigen Ehepartners heiraten zu können. Sie wählen in diesem Fall einfach zwischen der katholischen oder evangelischen Zeremonie. Der katholische Partner muß allerdings von seiner Pfarrgemeinde eine Erlaubnis einholen, den sogenannten Dispens, um in einer evangelischen Kirche heiraten zu können. Diese braucht der protestantische Partner nicht. Man kann sich allerdings auch auf eine ökumenische, eine gemischte Trauung einigen, die entweder in einer katholischen oder evangelischen Kirche stattfindet. Die Trauung wird dann entweder von einem katholischen, einem evangelischen oder von beiden Pfarrern gemeinsam abgehalten. Gehören Sie oder Ihr Partner einer anderen Religionsgemeinschaft als der katholischen und evangelischen an, so ist eine Vermählung mit einem Katholiken oder Protestanten grundsätzlich mit entsprechender Genehmigung des Pfarramtes oder des bischöflichen Ordinariats möglich.

Evangelische Partner haben im Falle einer Scheidung die

Möglichkeit, nochmals kirchlich zu heiraten. Eine Ausnahmegenehmigung vom zuständigen evangelischen Pfarramt macht dies möglich. Die katholische Kirche erkennt eine zivile Scheidung nur in ganz bestimmten Ausnahmefällen an, die Chancen hierfür stehen allerdings sehr schlecht. Dennoch, prominente Einzelfälle hat es bekanntlich schon gegeben.

Ein weiteres Problem stellt sich, wenn Sie oder Ihr Partner aus der Kirche ausgetreten sind. Für die evangelischen Kirchen kein großes Problem. Sie erhalten eine Ausnahmegenehmigung von Ihrem zuständigen Pfarramt. Bei der katholischen Kirche hingegen müssen Sie sich gleich eine Genehmigung vom Bischof einholen. Nur anhand einleuchtender und plausibler Argumente werden Sie Ihren Bischof überzeugen können, z. B. wenn Sie dafür Sorge tragen möchten, Ihre gemeinsamen Kinder im christlichen Glauben zu erziehen.

Ob Sie nun evangelisch oder katholisch sind oder einer anderen Religionsgemeinschaft angehören, der erste Schritt zur kirchlichen Trauung ist, sich bei Ihrer Heimatgemeinde zu melden. Sie entscheiden dann, ob Sie in Ihrer Gemeinde oder anderswo kirchlich heiraten wollen. Heiraten Sie an einem anderen Ort, bringen Sie entweder den Pastor Ihrer Heimatgemeinde zur Kirchengemeinde Ihrer Wahl mit, damit der dort ansässige Geistliche nicht überlastet wird oder sprechen mit dem Pastor Ihrer Wahlgemeinde, ob er Zeit für Ihre Trauung aufbringen könnte. Als nächstes muß mit dem zuständigen Pfarrer Ihrer Heimat- oder Wahlgemeinde ein Termin für das sogenannte Traugespräch vereinbart werden. Sie sollten zu diesem Treffen folgende Unterlagen mitbringen: einen gültigen Personalausweis oder Reisepaß, eine Aufgebotsbescheinigung vom Standesamt, Taufscheine und Firmungs- oder Konfirmationszeugnisse (nicht älter als sechs Monate), Entlaßscheine (katholisch) bzw. Dissmissoralen, falls man nicht in seiner Heimatgemeinde heiraten möchte.

Seien Sie darauf vorbereitet, über die christliche Ehe und Kindererziehung zu sprechen. Geprüft wird auch, ob Sie tatsächlich aus freiem Willen heiraten. Es ist durchaus möglich, daß Sie zu einem weiteren Gespräch eingeladen werden. Des weiteren werden aber auch rein organisatorische Fragen geklärt. So müssen Sie ein Kirchenprotokoll absprechen, z. B. wann was gesungen wird, ob es in der Kirche einen Sitzplan geben wird und ob die Braut mit dem Vater oder dem Bräutigam in die Kirche eintritt. Manche Paare proben diesen Teil der Zeremonie auch schon mal vorher. Ihr Pastor kann Ihnen zu diesem Punkt sicherlich Tips und Ratschläge erteilen. Auch erfahren Sie näheres über die Gepflogenheiten der Kirchengemeinde. So ist es durchaus möglich, daß man es für unangebracht hält, nach der Zeremonie mit Reis zu werfen, in Anbetracht der Hungersnot in der Dritten Welt. Viele Brautpaare möchten gerne persönlich den Ablauf der Zeremonie unterstützen, indem sie ihren gemeinsamen Trauspruch wählen und/oder die Fürbitten sprechen. Auch die musikalische Umrahmung wird immer öfter vom Hochzeitspaar bestimmt. Ob Gesang oder instrumental, man kann sich gewiß mit dem zuständigen Pfarrer einigen. Die kirchliche Trauung ist im Vergleich zur standesamtlichen Trauung kostenlos. Dennoch erwartet Ihre kirchliche Gemeinde eine entsprechende Spende. Manche gemeindelosen Kirchen müssen für Ihre Hochzeit extra angemietet werden, was zusätzliche Kosten bedeutet. Vergessen Sie nicht, Ihre Ringe und die Hochzeitskerze (katholisch) zur kirchlichen Trauung mitzubringen.

4.4 Andere Konfessionen

Sind Sie kein deutscher Staatsbürger, müssen Sie sich, wenn Sie standesamtlich heiraten wollen, im Konsulat Ihres jeweiligen Landes melden (siehe Gelbe Seiten), um die nötigen Schritte in die Wege zu leiten. Die religiöse Hochzeitszeremonie besprechen Sie mit Vertretern Ihrer jeweiligen Religionsgemeinschaft.

Moschee Ayasofya
Stromstr. 11
10551 Berlin
Tel.: 394 69 51

Synagoge
Pestalozzistr. 14
10625 Berlin
Tel.: 313 84 11

Moschee Tegel Selemiye
Cammii
Brunowstr. 61
13507 Berlin
Tel.: 434 65 65

Synagoge
Fraenkelufer 10
10999 Berlin
Tel.: 614 51 31

Synagoge
Rykestr.53
10405 Berlin
Tel.: 442 59 31

Buddhistische Gesellschaft
Berlin e. V.
Wulffstr. 6
12165 Berlin
Tel.: 792 85 50

Jüdische Gemeinde zu Berlin
Fasanenstr. 79
10623 Berlin
Tel.: 880 28-0

4.5 Homosexuelle Hochzeiten

Was in anderen europäischen Ländern längst gang und
gäbe ist, wie z. B. in den Niederlanden und in Dänemark,
ist in Deutschland noch nicht möglich: die standesamtliche Hochzeit homosexueller Paare.

Aber es besteht Hoffnung. Homosexuelle Paare können
sich vielleicht in Zukunft als Lebenspartner, die Ehepaa-
ren gleichgestellt sind, auf dem Standesamt registrieren
lassen, wenn das Versprechen der neuen Bundesregie-
rung eingelöst wird.

Auf kirchlicher Ebene setzt sich die Arbeitsgruppe Homo-
sexuelle und Kirche (HuK) e. V., der Verein Lesben und
Kirche (LuK) und die Gruppe Lesben in der Kirche (LiK)
dafür ein, die Möglichkeit einer Partnerschaftssegnung
im Rahmen einer gottesdienstlichen Feier zu schaffen.
Hierbei handelt es sich jedoch nicht um eine kirchliche
Eheschließung, sondern nur um eine Segnung durch den
Pfarrer. Da diese Segnungen sich in einem halboffiziellen
Rahmen bewegen, sollten Sie mit der Zentrale HuK in
Kontakt treten. Die Arbeitsgruppe wird Ihnen Ansprechpartner in Berlin nennen, die Ihnen wiederum Tips ge-
ben werden, welche Geistlichen in Berlin Partnerschafts-
segnungen durchführen.

Homosexuelle und Kirche e. V.
Schuhstr. 4
30159 Hannover
0511/363 29 78

5. Der Ehevertrag

Ob Sie einen Ehevertrag für nötig erachten oder nicht, können Sie nur im persönlichen Gespräch mit Ihrem Lebensgefährten klären. Traurige Tatsache ist, daß rund jede dritte Ehe in Deutschland geschieden wird. Es kann daher nicht schaden, sich mit dieser Materie auseinanderzusetzen.

Ihr Rechtsanwalt wird Ihnen individuelle Ratschläge geben, wenn es um Ihren Ehevertrag geht. Sie sollten wissen, daß der Vertrag während der Ehe jederzeit geändert oder ergänzt werden kann, falls sich etwas an Ihrer Lebenssituation oder Ihren Lebensumständen geändert hat. Der Ehevertrag muß bei einem Notar abgeschlossen werden. Die Kosten für den Ehevertrag richten sich ganz nach Ihrem gemeinsamen Einkommen und Kapital. Bei einem Vermögen von DM 5000,– liegt die Gebühr bei etwa DM 150,–. Grundsätzlich sind Zugewinngemeinschaft, Gütergemeinschaft und Gütertrennung zu unterscheiden.

Eine Zugewinngemeinschaft besteht dann, wenn Sie keinen Ehevertrag schließen. Im Falle einer Scheidung behält jeder das, was er in die Ehe eingebracht hat. Wenn nun einer der Partner einen Zugewinn erhält (z. B. eine Erbschaft), so geht dieser ausschließlich in sein persönliches Guthaben über. Der Ehepartner hat auf diesen Zugewinn kein Anrecht. Ein gemeinsam in der Ehe erwirtschafteter Zugewinn hingegen geht in den Besitz beider Ehepartner über. Beide Ehepartner besitzen darüber eine gemeinsame Verfügungsgewalt. Kommt es zur Scheidung, werden die Besitztümer mit denen zum Zeitpunkt der Eheschließung verglichen. Das gemeinsam erwirtschaftete Vermögen wird geteilt.

Bei der Gütergemeinschaft wird das Vermögen der beiden Ehepartner fusioniert und die Verfügungsgewalt darüber auf beide aufgeteilt. Keiner der beiden Ehepartner kann für sich genommen darüber verfügen.

Bei der Gütertrennung ist eine exakte Auflistung der Besitztümer beider Ehepartner zu Beginn der Ehe notwendig, die in regelmäßigen Abständen aktualisiert werden muß. Es ist jedoch möglich, gleichzeitig auch ein gemeinschaftliches Vermögen zu besitzen. Ein solches gemeinschaftliches Vermögen wird jedoch im Falle einer Scheidung aufgeteilt.

Im Folgenden finden Sie eine Übersicht über Rechtsanwälte, die u. a. auf Eheverträge spezialisiert sind:

Andrea Ahlberg
Konstanzer Str. 57
10707 Berlin-Wilmersdorf
Tel.: 88 67 47-0

Ursula von Albert-Muhr
Mozartstr. 15
12247 Berlin
Tel.: 771 64 61

Renate Arnold
Georgenstr. 35
10117 Berlin
Tel.: 20 96 25 40

Walter Busche
Berliner Str. 98
13507 Berlin
Tel.: 433 83 18

Cyrus Makowski
Rechtsanwalt Robert Wesseis
Ollenhauerstr. 4–5
13403 Berlin
Tel.: 49 89 69-0

Antje Dähnert
Marschke & Kollegen
Berliner Allee 62–66
13088 Berlin
Tel.: 92 04 86-0

Dietmar Falch und
Reinhard Weisse
Flughafenstr. 1
12053 Berlin
Tel.: 623 40 86

Eckart Fleischmann
Uhlandstr. 27
10719 Berlin
Tel.: 88 55 17 03/04

Liza Fortsas
Oranienburger Str. 87
10178 Berlin
Tel.: 28 59 97 23

Hans-Werner Fries
Bayerischer Platz 5
10779 Berlin
Tel.: 21 47 72 44

Katrin Günther
Frankfurter Allee 250
10365 Berlin
Tel.: 553 96 97

Cornelia Hain
Reinickendorfer Str. 117
13347 Berlin
Tel.: 465 20 71

Marianne Hercher
Spanische Allee 105

14129 Berlin
Tel.: 803 80 69

Gabriele Költzsch
Debenzer Str. 77 A
12683 Berlin
Tel.: 514 27 86

Marianne Krause
Wundtstr. 14
14059 Berlin
Tel.: 322 40 76

Nikolaus Krehnke
Schönhauser Allee 184
10119 Berlin
Tel.: 44 00 80 71

Norbert E. und
Thorsten Kusch
Streitstr. 58
13587 Berlin
Tel.: 335 80 50

Birgit Mantaj-Süß
Blankenburger Str. 45
13156 Berlin
Tel.: 47 59 07 70

Marten
Kunz-Buntschuh-Str. 11
14193 Berlin
Tel.: 891 74 76

Britta Mier
Anwaltsbüro Worbs
Großbeerenstr. 79
10963 Berlin
Tel.: 25 29 98 43

Wolfgang Mittelstaedt
Bismarckstr. 80
10627 Berlin
Tel.: 313 20 44

Christoph Oehler
Kurfürstendamm 213
10719 Berlin
Tel.: 881 77 94

Michael Pannach
Kaiserstr. 7
13589 Berlin
Tel.: 37 59 51 96

Jürgen Pillig
Habsburgerstr.10
10781 Berlin
Tel.: 21 75 66 05

Raquel Reng
Torstr. 124
10119 Berlin
Tel.: 28 39 09 90

Thomas Sonnenschein
Schierker Str. 34
12051 Berlin
Tel.: 626 15 08

Rüdiger Sternagel
Kurfürstendamm 31
10719 Berlin
Tel.: 885 00 70

Martina Storbeck
Bamberger Str. 59
10777 Berlin
Tel.: 235 19 30

Dorothea Teuchert
Langenscheidtstr. 12 B
10827 Berlin
Tel.: 787 55 47

Antje Weidner
Florastr. 8
12163 Berlin
Tel.: 793 51 89

Hans-Jürgen Wietzke
Nazarethkirchstr. 51
13347 Berlin
Tel.: 455 01-0

6. Berliner Termine rund um die Hochzeit

6.1 Hochzeitsmessen

Hochzeitstage

Veranstalter:
AVR Agentur für Werbung und Produktion
Tel.: 02361-120 58
Ort:
Messe Berlin
Messedamm 22, 14055 Berlin
Tel.: 3038-0
Die Hochzeitstage im Jahr 2000 finden voraussichtlich Anfang Januar statt. Wer sich dafür interessiert, sollte obengenannte Nummern anrufen.

Hochzeitsshopping

Veranstalter:
AMM Messemarketing
Grünauer Str. 1, 12439 Berlin
Tel.: 631 05 96
Ort:
Hochzeitsmesse
Ausstellungszentrum im Berliner Fernsehturm
Panoramastr. 1 A, 10178 Berlin
Tel.: 242 47 15
Die Messe findet in der Regel im Frühling in den Messehallen Fernsehturm am Alexanderplatz statt. Genauere Informationen erhalten Sie unter angegebener Nummer.

Hochzeitsmesse

Tegeler Seeterassen
Wilkestr. 1, 13507 Berlin
Tel.: 433 80 01
Im Jahr 2000 soll die Hochzeitsmesse im Frühjahr statt-
finden, aktuelle Hinweise unter genannter Nummer.

6.2 Hochzeitsball

Berliner Brautkleider-Ball
Thilo Köbschall
Boumannstr. 71, 13467 Berlin
Tel.: 40 53 65 28
Alljährliche Veranstaltung im August im Opernpalais
Unter den Linden.

7. Zeitschriften zum Thema Heiraten

Hochzeit
Zeitschrift für Brautpaare
Terra-Verlag
Neuhauser Str. 21, 78464 Konstanz
Tel.: 07531/81 22 44
erscheint alle zwei Monate

Braut & Bräutigam
Christian Publishing GmbH
Schorlemstr. 6, 48143 Münster
Tel.: 0251/539 02 00
erscheint sechsmal jährlich

Vogue
Condé Nast Verlag GmbH
Ainmillerstr. 8, 80801 München
Tel.: 089/381 04-0
Die deutsche Vogue bringt einmal jährlich ein im Heft integriertes Braut-Special heraus. 1998 erschien es im Januar mit Mode-, Beauty-, Planungs- und Geschenkideen. Wer wissen möchte, wann das nächste Special erscheint, wendet sich bitte an den Verlag.

Hochzeitsplaner
AVR Agentur für Werbung und Produktion GmbH
Prinzregentenstr. 95, 81677 München
Tel.: 089/41 96 94

Just married für Berlin/Brandenburg
Werbeagentur Just Married
Alexander Just
Am Feuerwehrhaus 1, 95500 Heinersreuth
Tel.: 0921/741 21 22

Achten Sie im Frühling auf die Hochzeits-Beilagen in den
Berliner Tageszeitungen!

Vielleicht finden Sie in einer Bibliothek das bereits ver-
griffene Sonderheft mit Nähanleitung und Tips rund ums
Heiraten:
Burda Braut-Magazin '98
Anne-Burda Verlag
Postfach 1160, 77601 Offenburg
Tel.: 0781/8401

Im Buchhandel stehen Ihnen weitere Literatur und CD-
ROMs rund ums Thema Heiraten zur Verfügung.

8. Hochzeitsorganisation

Sie sollten Ihre Hochzeit nicht ohne einen Ansprechpartner, Organisator oder besser ausgedrückt Zeremonienmeister feiern. Eine Person Ihrer Wahl kann diese Funktion ausüben und damit Ihren Streß am Hochzeitstag verringern. Denn es gibt unzählige kleine Dinge zu beachten, mit denen Sie sich an Ihrem Tag nicht auseinandersetzen sollten.

8.1 Zeremonienmeister

Der Zeremonienmeister ist in der Regel ein Verwandter, ein guter Freund der Familie oder professioneller Hochzeitsveranstalter. Er wird sich darum bemühen, den Ablauf Ihres Hochzeitsfestes zu koordinieren. Geben Sie ihn Ihren verschiedenen Dienstleistern (Hochzeitstortenlieferant, Blumenlieferant usw.) schon im Vorfeld als Ansprechpartner an. Idealerweise ist der Zeremonienmeister mit einem Handy und den Telefonnummern aller Gäste und Dienstleister ausgestattet, um bei eventuellen Verspätungen oder Pannen nachfragen zu können. Er ist von Ihnen mit einem detaillierten Ablaufplan des Tages ausgerüstet worden, der sich Punkt für Punkt abarbeiten läßt. Vielleicht händigen Sie ihm auch Ihren Haustürschlüssel aus, damit er, falls etwas vergessen wurde oder zu erledigen ist, jederzeit in Ihre Wohnung kommt, ohne Sie stören zu müssen. Besitzen Sie einen Anrufbeantworter, wäre es ratsam, nochmals die Tagesadresse aufs Band zu sprechen, falls

Gäste, die von außerhalb anreisen, die Adresse vergessen haben.

Falls Sie und Ihre Gäste sich von einem Ort zu einem anderen bewegen, sollte der Zeremonienmeister dafür sorgen, daß alle vollzählig sind und ihnen den Weg von A nach B erklären können. Statten Sie ihn im Vorfeld mit ausreichend Kleingeld aus, damit er den Dienstleistern gegebenenfalls Trinkgeld geben kann. Er ist es auch, der die Gäste auffordert, z. B. nach dem Sektempfang, Platz zu nehmen. Gleichzeitig ist der Zeremonienmeister auch der Ansprechpartner für die Koordination von Gastauftritten. Er achtet auf das Küchen- und Servierpersonal und kontrolliert das Essen.

Zeigen Sie ihm auch, wo sich ein Bügeleisen, Nähzeug, Taschentücher, Tampons, Ersatzstrumpfhosen, Aspirin, Regenschirme oder Vasen befinden. Er bringt auch in der Nacht die Geschenke an einen sicheren Ort.

8.2 Hochzeitsveranstalter

Erfahrene Hochzeitsveranstalter sollten in der Lage sein, wenn es gewünscht wird, die komplette Organisation einer Hochzeit von A bis Z zu übernehmen. Sie sind uns besonders aus amerikanischen Filmen bekannt. In Berlin gibt es erst ein paar Veranstaltungsagenturen, die sich auf die Ausrichtung von Hochzeiten spezialisiert haben. Diese Betreuung bietet sich vor allem für Berufstätige an, die keine Zeit haben, ein großes Fest mit allem, was dazu gehört, zu organisieren. Das Zauberwort heißt delegieren. Falls Sie sich dazu entschließen, einen Hochzeitsveranstalter aufzusuchen, prüfen Sie ihn genau und lassen Sie sich Referenzen geben. So können Sie, wenn Sie unsicher sind, sich mit den ehemaligen Kunden in Verbindung setzen. Lassen Sie sich vom Hochzeitsveranstalter beschreiben, wie er sich ein gelungenes Hochzeitsfest vorstellt, bevor Sie Ihre eigenen Wünschen äußern. So überprüfen Sie seinen Geschmack. Befinden Sie sich auf der gleichen Wellenlänge? Gefällt Ihnen die Einrichtung seines Büros, seine Kleidung? An solchen Kleinigkeiten können Sie, wenn Sie darauf achten, viel erkennen. Sollten sich erste Zweifel Ihrerseits einstellen, suchen Sie besser noch andere Hochzeitsorganisatoren auf und vergleichen Sie, auch in finanzieller Hinsicht. Sie werden während der Gespräche merken, daß dem Ideenreichtum, wie man eine Hochzeit organisiert, keine Grenzen gesetzt sind. Schauen Sie sich die Unterlagen des Hochzeitsveranstalters an. Er wird Ihnen mit Sicherheit ein breites Spektrum an Räumlichkeiten, Unterhaltern, Musikern und vieles mehr anbieten, damit Sie auswählen können. Lassen Sie sich ausführlich beraten und machen Sie Ihren Standpunkt klar. Versuchen Sie, Ihre Wünsche zu vermitteln und haken Sie nach, ob Sie auch verstanden wurden. Je präziser Sie sind, desto besser wird man Sie verstehen und in Ihrem Sinne arbeiten.

Yellow People Berlin
Weinmeisterstr. 2a
10178 Berlin
Tel.: 28 38 77 50

Röhring & Röhring
Dohnenstieg 2a
14195 Berlin
Tel.: 78 70 50 82

Traum-Fest-Service Liebenau
Albert-Schweitzer-Str. 14
12587 Berlin
Tel.: 645 21 85

Hochzeitstraum-Service
Pfalzburger Str. 50
10717 Berlin
Tel.: 86 42 46 04

9. Gästeliste

Suchen Sie sich nur die Gäste aus, die Ihnen am Herzen liegen und die Sie gerne dabei haben möchten. Geschäftliche Verpflichtungen oder vertrackte verwandtschaftliche Verhältnisse machen das nicht immer möglich. Derartige Schwierigkeiten lassen sich oft mit einem Sektempfang nach der Trauung oder einer Nachfeier in kleinerem Rahmen lösen. Das wird Ihnen sicherlich niemand anlasten, denn Sie haben gute Alternativen geschaffen, um alle, die wichtig sind, in der einen oder anderen Weise an Ihrem Fest teilnehmen zu lassen. Vermeiden Sie faule Kompromisse, es ist Ihr Tag!

Notieren Sie sich, wen Sie einladen, und wann Sie die Einladungen abgeschickt haben. Innerhalb der von Ihnen gesetzten Frist (siehe Drucksachen) werden die meisten Personen ab- oder zusagen. Vermerken Sie auch das Datum der Ab- oder Zusage in der Liste. So behalten Sie einen genauen Überblick. Falls Sie sich um die Übernachtung Ihres Gastes kümmern: In der Liste existiert auch dafür ein entsprechendes Feld. Sie können in dieser Liste auch festhalten, von wem Sie welches Hochzeitsgeschenk bekommen haben. So kommen Sie nicht durcheinander und können sich durch die Nennung des Geschenkes persönlicher bedanken. Zur Erleichterung können Sie in der letzten Spalte der Gästeliste das Geschenk des jeweiligen Gastes eintragen. Erhielten Sie Aufmerksamkeiten von nicht geladenen Gästen wie Nachbarn, Bekannten oder Geschäftskollegen, notieren Sie diese im unteren Teil der Gästeliste, ebenso wie Sonderwünsche: Babysitting, Sightseeing-Programm usw.

Eingeladen	ZUgesagt ABgesagt	Übernachtung	Geschenk
Maria Mustermann	7.7.99 ZU	ja	Vase
Bruno Beispiel	8.8.99 AB	nein	200 DM
Emil Exempel	6.6.99 ZU	nein	CD-Spieler

10. Orte zum Feiern in Berlin und Umgebung

Der Ort für Ihr Hochzeitsfest sollte in der Regel schon rechtzeitig ausgewählt werden. Heiraten Sie kirchlich, so steht der Hochzeitstermin meist frühzeitig fest, und Sie können in aller Ruhe planen. Heiraten Sie nur standesamtlich, dann haben Sie, wenn Sie langfristig planen, wahrscheinlich noch keinen festen Termin. Denn früher als sechs Monate im voraus kann kein Antrag zur Eheschließung gestellt werden. Wenn Sie unbedingt in einem bestimmten Standesamt getraut werden wollen, sollten Sie also genau ein halbes Jahr vor dem von Ihnen gewünschten Termin beim Standesamt anrufen.

Was nun die Orte betrifft, an denen Sie Ihre Hochzeit feiern können, so finden Sie in Berlin sehr viele verschiedene Angebote. Zunächst sollte Ihnen klar sein, wieviel Sie für die Hochzeitsfeier ausgeben möchten. Für jedes Portemonnaie existieren entsprechende Räumlichkeiten. So finden Sie in diesem Kapitel eine Auswahl von Schlössern in und außerhalb von Berlin, deren Betreiber Erfahrungen mit der Bewirtung von Hochzeitsgästen haben und teilweise auch ein gesamtes Hochzeitspaket mit standesamtlicher und kirchlicher Trauung vor Ort anbieten. Reizvoll, aber auch nur für wenige erschwinglich, ist die Hochzeitsfeier in einem der Berliner Luxushotels. Meist preiswerter und trotzdem wunderbar für das Hochzeitsfest geeignet sind Restaurants oder Hotels. Hier fällt auch nach einer gewissen Verpflegungssumme die Raummiete weg. Aber auch Festsäle und besondere Lokalitäten kommen in Frage. Bei ihnen ist zu beachten, daß in der Regel Essen, Bestuhlung und Dekoration zusätzlich organisiert werden müssen und neben der Raummiete noch Versicherungen abzuschließen sind. Auch sollte man darauf achten, daß die Gäste nach Möglichkeit in der Nähe untergebracht werden können und Räume für ein schnelles »Frisch-Machen« und Baby-Sitting zur Verfügung stehen. Unter Umständen müssen längere Fahrzeiten in Kauf genommen werden.

Lassen Sie sich ein detailliertes Angebot machen, das alle Leistungen verständlich und eindeutig beschreibt. Wenn Sie dann einen Auftrag erteilen, überprüfen Sie genau, ob in Ihrem Vertrag alle vereinbarten Leistungen richtig aufgenommen wurden und ob die Preise stimmen. Je präziser alles aufgelistet wird, desto besser können Sie später die erbrachten Leistungen nachprüfen.

10.1 Romantische Schlösser und Herrschaftshäuser

Schloß Hoppenrade
Parkstr. 2
16775 Hoppenrade bei Löwenberg
Tel.: 033084/604 24
Kontaktperson: Herr Fehsenfeld (Besitzer)
Tel.: 030/30 30 05 27
Hoppenrade, ein privates Schlößchen zwischen Oranienburg und Gransee, das schon Theodor Fontane als »Durcheinander von Glanz und Verfall« beschrieben hat. Seit 1991 wird Hoppenrade wieder aufgebaut und ist daher noch nicht im besten Zustand. Die Renovierungsarbeiten dauern an. Dennoch ist das Schloß in seiner Unvollkommenheit äußerst reizvoll und kann von jedem, der über das nötige Kleingeld verfügt, für Feste und Feiern bis zu

250 Gästen gemietet werden. Bei Tafelfesten finden bis 130 Personen Platz, für Feiern im Garten ist praktisch keine Grenze gesetzt. Die Hochzeitszeremonie kann in der hauseigenen Kapelle durchgeführt werden.

Anfahrt: auf der B 98 bis Löwenberg, dann Richtung Gransee links abbiegen.

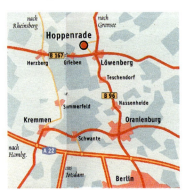

Hotelbetriebsgesellschaft Schloß Lübbenau mbH

Schloßbezirk 6
03222 Lübbenau
Tel.: 03542-873-0

Lübbenau ist die Hauptstadt des Spreewaldes. Das Schloßhotel liegt in einem neun Hektar großen Park. Ruhe und Abgeschiedenheit sind garantiert. Es stehen Ihnen 47 Zimmer und Suiten zur Verfügung mit Bad/Dusche, WC, TV, Radio, Minibar, Telefon, PC- und Faxanschluß. Für Ihre Hochzeitsfeier bieten Banketträume für ca. 100 Personen Platz. Schloß Lübbenau hat Erfahrung mit Ausrichten von Festen. Selbst das Standesamt ist direkt im Haus.

Anfahrt: von der A 13, Abfahrt B 155 Richtung Lübbenau.

Schloß Reichenow

Schloß Reichenow
Dorfstr. 1
15345 Reichenow
Tel.: 033437/308-0
http://www.SchlossReichenow.de
Schloß Reichenow liegt am Rande der Märkischen Schweiz
und des Oderbruchs, 15 Kilometer von Strausberg, an einem See in einem Naturpark. Die 22 Hotelzimmer sind
individuell und schön gestaltet. Im hauseigenen Trauzimmer, dem sogenannten Fliedersaal, kann standesamtlich
geheiratet werden. In der alten Reichenower Dorfkirche
können sich Brautpaare auch kirchlich trauen lassen. Das
Gesundheitshotel bereitet speziell das Reichenower Hochzeitsbuffet zu und bietet in den drei Sälen Platz für ein gelungenes Hochzeitsfest. Auch im Park unter einer alten
Rotbuche oder in der rustikalen Schloßwirtschaft kann
gefeiert werden.
70 Autominuten von Berlin-Mitte, über die B 1/5 oder
über den Autobahnring A 10, Ausfahrt Altlandsberg oder
Müncheberg. Nach der Autobahnabfahrt weiter in Rich-

tung Strausberg, links am Straussee entlang. Nicht ins
Zentrum Strausberg fahren, sondern weiter Richtung
Wriezen über Prötzel und Herzhorn.

Gut Schloß Golm

Hotel-Restaurant
Am Zernsee 1
14476 Golm
Tel.: 0331/50 06 05
Das Schloßhotel liegt direkt am Ufer des großen Zernsees.
Bis zu 29 Personen können in idyllischer Abgeschiedenheit in mit moderner Zurückhaltung eingerichteten Zimmern mit offenen Bädern übernachten. Die Hochzeit
kann unter einem hübschen Schloßzelt, im Haus (Konfe-
renzraum bis zu 90 Personen) oder im Garten gefeiert
werden. So sind Sie bei jedem Wetter gut aufgehoben.
Das Schloßhotelteam hat schon viele Hochzeiten ausgerichtet und wird Sie garantiert stilvoll und individuell beraten. Für die Hochzeitsfeier kann eine hübsche kleine
Kapelle im Wald genutzt werden, und ein Raum für einen
Standesbeamten wird sich bald im Schloß selbst befinden. Das Restaurant bietet jahreszeitliche, bodenständige
Küche mit frischen Zutaten aus der Region.
Kurfürstendamm 35 km, Sanssouci 3 km, Golm Bahnhof
1 km.

Schloß Petzow

Zelterstr. 5
14542 Werder-Petzow
Tel.: 03327/469 40
Im Ort Petzow, gelegen auf der Landbrücke zwischen
Schwielowsee und Glindower See, befindet sich das gleich-
namige, neugotische Schinkel-Schloß im malerischen

Lenné-Park. Seit 1990 ist es Hotel- und Schulungsstätte und soll bis 2001 zu einem 4-Sterne-Freizeit- und Tagungshotel umgebaut werden. Das Hotel Schloß Petzow bleibt während der Bauzeit für Gäste geöffnet. Bei diesen preiswerten 30 Zimmern sind die Duschen und WCs noch auf den Etagen. Ob auf der Wiese unter Obstbäumen, im Schloß selbst oder auf der Terrasse, Ihre Hochzeitsgesellschaft kann bis zu 100 Personen stark sein, und die Dorfkirche Petzow kann eigens für Ihre Trauung gemietet werden. Eine Anlegestelle der Schiffahrtsgesellschaften befindet sich direkt vor dem Haus.

Ca. 35 km bis Berlin-Zentrum. Flughäfen Tegel und Schönefeld ca. 40 km. Anfahrt Autobahn (E 55), Abfahrt Ferch, Glindow oder Werder, 10 km.

Schloß Diedersdorf

Kirchplatz 5–6
15831 Diedersdorf
Tel.: 03379/353 50

Das Schloß Diedersdorf ist ein märkischer Landgasthof mit mehreren rustikalen gastronomischen Einrichtungen. Es stehen viele großzügige Räumlichkeiten für Ihr Hochzeitsfest zur Verfügung: Musikantenscheune (400 Plätze), Pferdestall (75 Plätze), Alte Schmiede (50 Plätze), Cocktailbar (20 Plätze), Weinkeller (50 Plätze), Weingarten (60 Plätze), Biergarten (2000 Plätze) und Oktoberfest (2000 Plätze). Beim Essen kann von zünftig bis fein ausgewählt werden. Erst im Jahr 2000 wird es hauseigene Zimmer geben. Aber es kann in der Umgebung übernachtet werden.

Von Berlin auf der B 101, über Marienfelde bis Großbeeren, weiter in Richtung Dahlewitz oder auf der B 96 über Lichtenrade bis Dahlewitz, weiter in Richtung Blankenfelde.

INFOMATIONEN UND NEUES, WEIT ÜBER   UNSER STORCHENNEST HINAUS

DAS ROMANTIK - HOTEL "ZUR BLEICHE" MITTEN IM SPREEWALD

Unsere „Landtherme" ist fertig!

Bitte kommen Sie rein, wir möchten Sie jetzt, wo alles fertig ist, in unserer „LANDTHERME" herumführen, Ihnen alles zeigen.

Nach Lust und Laune können Sie als Hotelgast, aber auch als externer Badegast unser Badehaus im ursprünglichen spreewälder Stil mit Schwimmbad, Dampfbad, Saunen, heißem Luftsprudel- und Kaltwassertauchbecken, Massageduschen, Fitneßraum, Kaminzimmer und Ruheräumen nutzen. Genießen Sie alles in Ruhe, Sie haben Zeit!

Am besten lernen Sie alles bei einem der speziell für Sie zusammengestellten Bademenüs kennen. Ihre „Quelfe" begleitet Sie, erklärt, wie alles genau vor sich geht und versorgt Sie. Und wenn sie Fragen haben – wir beraten Sie gerne.

Zum Durchatmen	**Zum Wohlfühlen**	**Die ganz große Entspannung**
„Spreewald-Bademenü"	Kleines „Romantik-Bademenü"	Großes „Romantik-Bademenü"
*Jungbrunnen- Therme *Ganzkörper Salzpeeling mit Honigheilpackung *Hauskräuterbad *Ganzkörpermassage *Gesichtsbehandlung „kleiner Frischmacher"	* Jungbrunnen- Therme * Leinölbad * Heupackung * Fußreflexzonenmassage * Gesichtsbehandlung „großer Frischmacher"	* Jungbrunnen- Therme * Stutenmilchbad *Aroma-Massage * Große Dr. Hauschka- Gesichtskur * Aroma-Maniküre * Zwischendurch ein kleiner Gruß aus der Küche
DM 195,-- pro Person Bitte nehmen Sie sich ca. 4 Stunden Zeit. Reservierungen erbeten.	DM 215,-- pro Person Bitte nehmen Sie sich ca. 5 Stunden Zeit. Reservierungen erbeten.	DM 295,-- Bitte nehmen Sie sich ca. 6 Stunden Zeit. Reservierungen erbeten.

Reservierungen über die Rezeption.

Romantik-Hotel „Zur Bleiche, Bleichestr. 16, 03096 Burg im Spreewald, Telefon: 035603/620, Fax: 035603/60292.

Alle Preisangaben incl. der gesetzlichen Mehrwertsteuer. Preisänderungen vorbehalten.

Angebot des Hotels »Zur Bleiche« im Spreewald

Schloßhotel Teupitz
Kirchstr. 8
15755 Teupitz
Tel.: 033766/600
Schloß Teupitz liegt auf einer Halbinsel im Teupitzer See, dem südlichsten Gewässer der Berliner Seenkette, inmitten unberührter Natur. Das seit 1993 von einer Betreibergesellschaft geführte Schloß verfügt über 38 Zimmer und Appartements. Auf der Hotelanlage steht eine mittelalterliche Burg. Der Rittersaal und Seminarräume für bis zu 100 Personen stehen Ihnen für Ihre individuell auszuführende Hochzeitsfeier zur Verfügung. Das etwa 55 km von Berlin-Stadtmitte, 20 Autominuten vom Flughafen Schönefeld, 10 Minuten von der Autobahn entfernte Hotel bietet neue deutsche und brandenburgische Küche.

Schloß Ziethen Hotel
Edith Frfr. v. Thüngem
16766 Groß Ziethen
Tel.: 033055/95-0
Das zwischen Berlin, Potsdam und Rheinsberg gelegene hübsche Hotel liegt inmitten eines weitläufigen Parks. In 30 individuellen Zimmern (alle mit Bad, TV, Telefon, Fax- und PC-Anschluß) und der Hochzeits-Suite läßt sich der Aufenthalt genießen. Für die Hochzeitsfeier stehen mehrere Räume zur Verfügung. Im kleinsten finden sechs, im größten bis zu 100 Personen Platz. Bis die standesamtliche Trauung im Schloß selbst durchgeführt werden kann, bietet sich vorläufig das Standesamt Kremmen an. Die evangelische Trauung kann vor Ort stattfinden, das katholische Pfarramt befindet sich in Kremmen.
Schloß Ziethen liegt 30 Autominuten vom Flughafen Tegel entfernt.

Schloß Glienicke

Königstr. 36
14109 Berlin
Tel.: 805 40 00

Das Restaurant Schloß Glienicke Remise in Berlin hat für jede Hochzeitsgesellschaft den geeigneten Rahmen. Der kleine Saal bietet 10 bis 35, der große Saal 35 bis 120, die Sonnenterrasse bis 150 und der Innenhof Remise bis 350 Sitzplätze. Es ist in einer wunderschönen Parkanlage gelegen, die sich hervorragend für Spaziergänge eignet. Ganz in der Nähe befinden sich die Heilandskirche in Sacrow, die Nikolaikirche in Berlin-Grunewald sowie die Kirche St. Peter und Paul in Berlin-Nikolskoe. Angeboten werden hochwertige Frischprodukte des In- und Umlandes, die Bestandteil Ihres Hochzeitsmenüs werden können.

Schloßhotel Vier Jahreszeiten Berlin

Brahmsstr. 10
14193 Berlin
Tel.: 89 58 45 00

Ein Top-Ambiente für Ihre Hochzeit bietet das unter Denkmalschutz stehende Schloßhotel Vier Jahreszeiten Berlin. Es gehört zu den 305 Leading Hotels of the World. Die fast dreijährige Restaurierung und Umbauphase stand unter der künstlerischen Leitung von Modezar Karl Lagerfeld, dem sämtliche Details der Inneneinrichtung und des Designs oblagen. Für Ihre Hochzeit können Sie drei Bankettsalons nutzen: das Musikzimmer (für 80 Personen), das Spiegel- und Jagdzimmer (für je 48 Personen). Im Sommer kann im Schloßgarten geheiratet und anschließend unter weißen Pagodezelten gefeiert werden. Ein unvergeßliches Erlebnis wird Ihnen auch das mit Ihnen vorher abgesprochene Hochtzeitsmenü des Maître Cuisinier Markus Semmler werden. Ihre Gäste werden sich in der zentralen Grunewaldlage wohlfühlen und können in einem der 52 Gästezimmer mit bester Ausstattung und einem großen Entspannungs- und Freizeitangebot übernachten. Vielleicht wird in naher Zukunft auch eine Außenstelle des Standesamtes im Schloßhotel eingerichtet, die Hotelleitung bemüht sich darum. Bis dahin kann man sich im Standesamt Schmargendorf das Jawort geben.

Schloß Cecilienhof

Am Neuen Garten
14469 Potsdam
Tel.: 0331/969 42 44

Das Schloß wurde im Jahre 1905 anläßlich der Eheschließung zwischen der Herzogin Cecilie von Mecklenburg-Schwerin und Wilhelm von Preußen, dem Kronprinzen, erbaut. Das nach dem Vorbild englischer Landhäuser im Tudor-Stil, mit Backsteinen, Fachwerk und dekorativen Schornsteinen errichtete Haus erlangte 1945 durch die Potsdamer Konferenz internationale Beachtung. Das geschichtsträchtige Schloß, umgeben von einer wunderschönen Garten- und Parkanlage, eignet sich vorzüglich für Hochzeitsfeiern. Ob Sie nun im eleganten Schloßrestaurant mit herrlicher Gartenterrasse (180 Plätze) speisen oder einen der neun stilvoll eingerichteten Veranstaltungsräume (bis 150 Personen) des heutigen Schloßhotels für Ihre Feier nutzen, man wird Ihnen einen unvergeßlichen Tag bereiten. Das Standesamt ist mit dem Auto in maximal 10 Minuten erreichbar, und die kirchliche Trauung kann in einer Potsdamer Kirche Ihrer Wahl stattfinden. Lassen Sie sich »königlich« verwöhnen und genießen Sie mit Ihren Gästen die kulinarischen Köstlichkeiten, die Ihnen z. B. in Anlehnung an eine königliche Mittagstafel von 1905 als Hochzeitsmenü von heute offeriert werden. Ihre Gäste können in einem der 43 luxuriösen Gästezimmer übernachten.

Die Anfahrt von Norden erfolgt über die A 10, Ausfahrt Potsdam-Nord und weiter über die B 273. Von Westen und Süden erreicht man das Schloß über die A 9 und A 2 bis Autobahndreieck Drewitz, weiter bis A 115 Richtung Berlin-Zentrum, Ausfahrt Potsdam-Babelsberg.

Schloßhotel Dammsmühle

16352 Breitlow Schönwalde
Tel.: 033056-824 69
Das Schloß Dammsmühle stand erstmals 1894 in voller Pracht. Dies war Adolf Friedrich Wollank zu verdanken, einem jungen Leutnant aus einer wohlhabenden Patrizierfamilie, der das heruntergewirtschaftete Anwesen in einen stattlichen Herrenbesitz umwandelte. Er legte Fischzuchtteiche, Wein- und Obstgärten an und gab allem einen neuen Glanz. An die gute alte Zeit versucht man heute wieder anzuknüpfen. Das durch die Kriegsjahre und wechselnde Besitzer schadhafte Schloß wurde von Künstlern, Architekten und Handwerkern rekonstruiert und bietet sich als Hochzeitsstätte an. Im Schloßrestaurant können Sie mit Ihren Gästen in gepflegter Atmosphäre speisen oder es sich in einem der beiden Veranstaltungsräume gemütlich machen. In den Sommermonaten ist die Terrasse ein hervorragender Aufenthaltsort. Eine originelle Räumlichkeit wäre noch das am Seeufer gelegene Teehaus, das angemietet werden kann. Der Schloßpark und der See laden Sie und Ihre Hochzeitsgäste zu einem Spaziergang oder einer kleinen Seefahrt ein.

Vierseithof

Vierseithof

Haag 20/Am Herrenhaus
14943 Luckenwalde
Tel.: 03371/62 68-0

Das Herrenhaus ist seit 1997 ein Vier-Sterne-Hotel. Die denkmalgeschützte Hotelanlage mit Innenhof, Terrasse und sehr interessanter, angeschlossener Kunsthalle ist eine gute Hochzeitsadresse vor den Toren Berlins. Das Haus hat sich ganz der Kunst verschrieben. In allen 43 Gäste-zimmern, in den Fluren und Nebenräumen sind Originalkunstwerke, Skulpturen und Siebdrucke zu betrachten. So ist der Vierseithof zum Domizil für Liebhaber der modernen Kunst geworden. Das Hotel arbeitet eng mit dem ansässigen Standesamt zusammen und ist Hauptsponsor der alljährlichen Aktion »Heiraten bis Mitternacht«. Standesamt und Kirche befinden sich ca. 500 Meter vom Haus entfernt. Für Ihre Hochzeitsfeier stehen Ihnen der Glassaal mit 72 m^2, der Tuchscherersaal mit 95 m^2 oder die Kunsthalle mit 250 m^2 zur Verfügung. Sie wählen entweder ein feines Hochzeitsmenü oder lassen sich von den Buffetangeboten (italienisch, rustikal, exklusiv) verlocken. Folgen Sie bei der Anreise der B 101 ins Zentrum von Lukkenwalde, und Sie werden den Vierseithof nicht verfehlen.

10.2 Hotels

Hotel Adlon
Unter den Linden 77
10117 Berlin-Mitte
Tel.: 2261-0
Kennen Sie schon die »Pariser Platz-Torte«? Wenn nicht, werden Sie diese oder eine andere Kreationen des Patissier-Meisters Stephan Franz spätestens bei Ihrer Hochzeitsfeier im Hotel Adlon am Brandenburger Tor kosten können. Seit der Eröffnung im August 1997 versucht das rekonstruierte Hotel, an die alten Traditionen anzuknüpfen. Im Zweiten Weltkrieg war das Hotel Adlon abgebrannt. Thomas Mann, Greta Garbo, Charlie Chaplin und viele andere haben hier verkehrt. Der große Ballsaal, der je nach Bedarf unterteilt werden kann, verspricht mit seinem stilvollen Ambiente ein gelungenes Fest. Eine Küche

Suite im Hotel Adlon

auf höchstem Niveau bietet Ihnen angemessene kulinarische Köstlichkeiten. Das Fünf-Sterne-Grandhotel wird Sie
und Ihre Gäste überzeugen.

Sorat
Hotel Humboldt-Mühle
An der Mühle 5–9
13507 Berlin
Tel.: 43 90 40
Das Hauptgebäude des Hotels befindet sich im denkmal-
geschützten Silogebäude der ehemaligen Humboldt-Mühle

Art'Otel Ermelerhaus Berlin

aus dem 13. Jahrhundert. Rund um die Anlage liegen der Tegeler Wald und See und laden zu einem Spaziergang oder einer Spritztour auf der hoteleigenen Motor-Yacht ein. Die 104 klimatisierten Zimmer haben zum Teil einen fantastischen Ausblick auf das Tegeler Fließ und den Hafen. Hier läßt sich gewiß eine schöne Hochzeit feiern. Im Kornspeicher finden bis zu 90 Personen Platz. Der Küchenchef offeriert leckere, vollwertige Menüs und stellt Ihr Hochzeitsmenü nach Ihren Wünschen zusammen.

Sorat
Hotel Spreebogen
Alt-Moabit 99
10559 Berlin
Tel.: 39 92 00

Das Sorat-Hotel liegt am Ufer der Spree zwischen Reichstag, Tiergarten, Charlottenburg und dem Regierungsviertel. Die kleine Oase inmitten der Stadt bietet ideale Voraussetzungen für Ihre Hochzeitsfeier. Entweder nutzen Sie die vom Hotel angebotenen Hochzeitsarrangements (zu Land, zu Wasser, zu »Luft«) im kleinen Kreis, oder Sie planen Ihre Feier nach eigenen Vorstellungen. In der alten Bolle-Meierei, die mit dem modernen Hotelkomplex verbunden wurde, befinden sich fünf große Veranstaltungsräume, in denen wechselnde Ausstellungen moderner Kunst stattfinden und bis zu 300 Personen Platz zum Feiern finden. Das Hotel verfügt über 220 Zimmer mit allem Komfort, zum Teil mit wunderschönem Spreeblick. Die Küche wartet mit internationalen feinen Speisen auf.

Art'Otel Ermelerhaus Berlin
Wallstr. 70–73
10179 Berlin
Tel.: 240 62-0

Das von den österreichischen Architekten Nalbach & Nalbach entworfene und vom Maler Georg Baselitz inszenierte Hotel befindet sich in Berlins historischer Mitte, angeschlossen an das denkmalgeschützte Ermelerhaus. Zwei moderne Tagungsräume, ergänzt durch die Gesellschaftsräume des Ermelerhauses im Stil des ausgehenden Rokoko, stehen für Ihre Hochzeitsfeier zur Verfügung. Die Küche bietet Ihnen leichte und regionale Gerichte an. Das Hotel verfügt über 109 Zimmer.

Hotel Alexander Plaza Berlin
Member of Mercure International Hotels
Rosenstr. 1
10178 Berlin
Tel.: 240 01-0
Das erst kürzlich neu eröffnete Hotel befindet sich in einer sehr zentralen City-Lage, zwischen Museumsinsel und Fernsehturm, in historischen Gemäuern. Modernes Ambiente und mehrere klimatisierte Veranstaltungsräume für bis zu 120 Personen stehen Ihnen zur Verfügung. Man freut sich auf die künftigen Hochzeitsgäste, die auch in den 74 Einzel- und Doppelzimmern übernachten und es sich im glasüberdachten Atrium gemütlich machen können.

Hilton Berlin
Mohrenstr. 30
10117 Berlin
Tel.: 30 20 23-0
Das 1991 eröffnete Hotel Hilton Berlin liegt am schönsten Platz inmitten Berlins, dem Gendarmenmarkt. Viele Sehenswürdigkeiten der Stadt sind für Ihre Hochzeitsgäste in wenigen Minuten erreichbar, ein schöner Willkommensgruß. Es empfiehlt sich, die Hochzeitsfeier im hoteleigenen Restaurant »La Coupole« auszurichten, hoch über den Dächern Berlins mit Blick auf den Gendarmenmarkt. Sie können aber auch einen der vielen Säle oder Salons anmieten. Die Menü- oder Buffetauswahl ist vielfältig und geht von einer rustikalen, über eine exotische bis hin zur gehobenen Küche. Es gibt 505 Gästezimmer und ein breites Fitneß-Angebot.

Art-Hotel Potsdam

Zeppelinstr. 136
14471 Potsdam
Tel.: 0331-981 50

Das Art-Hotel ist wunderschön an der Havel gelegen und nur fünf Minuten vom Stadtzentrum Potsdams entfernt. Verschiedene Tagungsateliers bieten sich als Räumlichkeit für Ihre Hochzeitsfeier an. Den historischen Gebäuden wurden von den Architekten von Jan, Roosje und Rave ein neues Gesicht gegeben, und der englische Designer Jasper Morrison kümmerte sich um die Innenarchitektur. Ein Zusammenspiel zwischen Kunst und zeitgenössischem Design entstand durch die in Düsseldorf lebende Künstlerin Katharina Sieverding, die sich mit ihren Arbeiten ganz konkret auf das Hotel als besonderen Ort bezog und die nur im Haus zu bewundern sind. Ein großer Garten und eine Terrasse zum Wasser laden zum Verweilen ein. Das Hotel bietet 123 Gästezimmer.

Scharmützelsee

Sporting Club Berlin
Kempinski Hotel
Parkallee 1
15526 Bad Saarow
Tel.: 033631/60

Das Hotel ist eine gute Autostunde von Berlin entfernt und eine gute Adresse für all jene, die sportlich aktiv sind und Erholung vom Streß der Stadt suchen. Vielleicht möchten Sie in einem solchen Ambiente heiraten, den Scharmützelsee um die Ecke und Golf, Reiten, Segeln, Tennis und Schönheitspflege im Angebot. Lassen Sie sich vom Standesbeamten im Hotel mit Blick auf den See vermählen und wählen Sie zwischen sechs Veranstaltungsräumen

Hotel »Zur Bleiche«

(27 – 136 m²). Eine unvergeßliche Hochzeitsnacht können Sie in einer der beiden Turmsuiten hoch über dem Schar-mützelsee verbringen. In der Küche lautet die Devise: »Regional und vital«.

Hotel »Zur Bleiche«
Das Romantik-Hotel mit der Landtherme
Bleichestr. 16
03096 Burg/Spreewald
Tel.: 035603-620
Mitten in der reizvollen Landschaft des Spreewaldes gele-gen, vor der Haustür die Hauptspree mit ihren endlosen Seitenarmen, Fließen und Kanälen, können Sie sich das Jawort geben. Das Hotel ist 120 km von Berlin entfernt und bietet Ihnen eine Räumlichkeit mit Wintergarten für bis zu 200 Hochzeitsgästen. »Der Marstall« besteht aus drei großen Räumen, die sich zu einem großen Saal öff-

nen lassen. Bei schönem Wetter kann auch der angrenzende Garten genutzt werden. Regionale Gerichte, gewürzt mit Kräutern aus dem hauseigenen Kräutergarten werden Ihnen die ländliche Atmosphäre des Spreewaldes vermitteln. Die 79 Gästezimmer sind im Landhausstil eingerichtet und bieten den üblichen Komfort. Sie können in Burg sowohl standesamtlich als auch kirchlich heiraten. Eine besonders schöne evangelische Kirche finden Sie in Straupitz, die Schinkelkirche. Da das Hotel über eine eigene Anlegestelle verfügt, steht einer Fahrt mit Ihren Gästen durch den Spreewald nichts im Wege.

10.3 Restaurants

Altes Zollhaus
Carl-Herz-Ufer 30
10961 Berlin
Tel.: 692 33 00
Traumhaft am alten Landwehrkanal gelegenes Restaurant, eine Oase mitten in der Stadt. 90 Plätze in der Schmugglerscheune, unterm Dach, für 170 Personen über das ganze Haus verteilt. Das Restaurant wurde im Gault Millau mit zwei Kochmützen ausgezeichnet und gehört zu den 150 besten Restaurants Deutschlands.

Ermeler Haus
Märkisches Ufer 10
10179 Berlin
Tel.: 240 62-0
Das wunderschöne Ermelerhaus ist ein Rokokopalais in Berlins historischer Mitte. Sie können im Atrium (100 Sitzplätze), in der Gaststätte Raabe Diele (80 Sitzplätze), im

Kahn auf der Spree (120 Sitzplätze) oder im Restaurant feiern. Zeitgemäße, leichte Küche, klassisch zubereitet.

Ana e Bruno
Sophie-Charlotte-Str. 101
10117 Berlin
Tel.: 325 71 10
Das Restaurant besticht durch seine exzellente Küche, die vom Gault Millau bereits mit drei Kochmützen ausgezeichnet wurde. Die »Männer der Tat und nicht Männer der Angeberei«, so die Betreiber, geben sich südländisch bescheiden und bieten eine mediterrane, klare und leichte Küche auf hohem Niveau an. In den freundlichen und hellen Räumen finden 50, auf der Terrasse 40 Personen Platz.

Paris Moskau
Alt-Moabit 141
10557 Berlin
Tel.: 394 20 81
In einem 100 Jahre alten ehemaligen Bahnhofsrestaurant befindet sich das Restaurant mit internationaler Küche. Die Lage des kleinen Häuschens ist sehr originell zwischen den Baustellen des zukünftigen Regierungsviertels.

Opernpalais
Unter den Linden 5
10117 Berlin
Tel.: 20 26 83
Das Opernpalais entstand 1733 und liegt im Herzen Berlins. Der aufwendig und original nach historischen Vorlagen restaurierte Prinzessinensaal eignet sich besonders für Hochzeiten im großen Stil. Bis zu 220 Personen finden darin Platz. Internationale Küche.

Restaurant Maxwell Gastronomie

Bergstr. 22
10115 Berlin
Tel.: 280 71 21

Für Hochzeitsfestivitäten steht im Maxwell die Galerie im
ersten Stock zur Verfügung. Der Innenhof ist traumhaft
schön. Die aufwendig restaurierte wilhelminische Ziegel-
steinfassade der ehemaligen Brauerei fasziniert den Besucher und steht im Gegensatz zur zurückhaltend modernen
Einrichtung des Restaurants. Die Küche des Szene-Treffs
ist international.

Die Möwe

Am Festungsgraben 1
10117 Berlin
Tel.: 201 20 29

Das Künstlerlokal im Palais am Festungsgraben hinter der
Neuen Wache besticht durch seine einzigartige Lage. Die
große, von Kastanienbäumen umgebene Terrasse an der
Gebäuderückseite lädt zum Verweilen ein, und die medi-
terrane Küche gibt ihr Bestes dazu. Es finden bis zu 100
Personen Platz im Restaurant.

Borchardt

Französische Str. 47
10117 Berlin
Tel.: 20 38 71 10

Für Hochzeitsgesellschaften schließt das zentral gelegene,
mit beeindruckenden Marmorsäulen und wunderschönen
alten Fliesen und mit typischem Berliner Innenhofgarten
ausgestattete Café-Restaurant schon mal exklusiv seine
Pforten. Die vorzügliche Küche ist französisch-mediter-
ran.

Hochzeitstafel

Café am Neuen See
Lichtensteinallee 1
10787 Berlin
Tel.: 254 49 30
Hier kann im Freien gefeiert werden und das mitten in der Stadt. Der Garten ist vom eigentlichen Biergarten abgegrenzt und bietet Tafelfreuden für bis zu 400 Personen. Das Essen wird als kalt-warmes Buffet gereicht.

Zillemarkt
Bleibtreustr. 48a
10623 Berlin
Tel.: 881 70 40
Ein Restaurant in der Bleibtreustraße ist nahezu prädestiniert für Hochzeitsgesellschaften. Das alteingesessene Berliner Lokal bietet sowohl Berliner als auch internationale Küche an. Im Restaurant können bis zu 200 Personen bedient werden. Das Originalstraßenpflaster in den Innenräumen ist sehenswert.

Carpe Diem
Savigny-Passage 577
10623 Berlin
Tel.: 313 27 28
Hochzeit in den S-Bahnbögen unter den Gleisen der Stadtbahn feiern, mitten in der Stadt, ist garantiert eine originelle Alternative. Das Restaurant bietet zu diesem Zweck zwei Räumlichkeiten, eine für 70, die andere für 40 Personen. Die Küche ist latino-europäisch ausgerichtet.

Berliner Fernsehturm

Panoramastr. 1 A
10178 Berlin
Tel.: 242 33 33

Im Himmel über Berlin zu feiern, wer hat davon noch nicht geträumt? Lassen Sie sich hier standesamtlich trauen und feiern Sie anschließend in der gleichen Räumlichkeit weiter. Das Restaurant im Fernsehturm bietet Ihnen deutsche Küche. Es ist gewappnet für ein Fest bis 200 Personen. Geboten wird ein kalt-warmes Buffet und getanzt werden kann bis 1 Uhr nachts auf der eigens dafür angemieteten Aussichtsetage.

Wirtshaus Schildhorn

Straße am Schildhorn 4 A
14193 Berlin
Tel.: 305 31 11

In ländlicher Abgeschiedenheit und dennoch zentral gelegen präsentiert sich das Wirtshaus Schildhorn. Hier wurde schon so manches Hochzeitsfest gefeiert. Ob Sie im Restaurant, Fachwerkhaus, Wintergarten, im großen Garten oder auf der MS Schildhorn feiern möchten, das Veranstaltungsbüro wird Ihnen mit Rat und Tat zur Seite stehen und Sie individuell beraten. Bis zu 1000 Personen können hier beköstigt werden. Wählen Sie das Hochzeitsbuffet »Wirtshaus Schildhorn« oder stellen Sie sich Ihr persönliches Menü aus der Avantgarde-Küche zusammen und tauchen Sie ein in ein »Rendezvous der Sinne«.

10.4 Festsäle und besondere Lokalitäten

Der Vorteil, einen Festsaal für die Hochzeitsfeier zu mieten, besteht hauptsächlich darin, unter sich bleiben zu können, ganz individuell zu feiern und alles selbst in die Hand nehmen zu können. Doch bedenken Sie, es wird dadurch nicht unbedingt preiswerter. Die Organisation wird Ihnen nur dann abgenommen, wenn Sie entsprechend dafür zahlen. Vergewissern Sie sich, wenn Sie die Räumlichkeiten betreten, ob Stühle und Tische, Gläser und Geschirr, Stromanschlüsse, Kühl-, Koch- und Spülmöglichkeiten, Toiletten und eine Garderobe vorhanden sind. Mieten Sie einen leeren Raum, müssen Sie quasi an alles denken: Tischdecken, Vasen, Aschenbecher, Kronleuchter usw. Eventuell müssen Sie Tanzparkett legen lassen. Überlegen Sie sich, wo ein Sektempfang stattfinden könnte, wie die Tische gestellt werden können, wo getanzt wird, wo der DJ seine Anlage aufbaut, wo die Geschenke aufgestellt werden können und vor allem, wo das Essen angerichtet und angeboten wird. Achten Sie auf eine gute Beleuchtung im Raum, bei grellem, kalten Licht kommt keine Stimmung auf. Wenden Sie sich an einen Caterer Ihres Vertrauens und zeigen Sie ihm vorher die Räumlichkeiten, besprechen Sie mit ihm, wieviel Platz er benötigen wird und geben Sie ihm eine Liste über den Tagesablauf. Zu klären ist auch, wer bedienen, die Aschenbecher leeren wird, Getränke nachreicht. Wie wird der Raum geschmückt? Gibt es genug Warmhalte- und Kühlmöglichkeiten? Wer reinigt den Saal am nächsten Tag?

Kleiner Festsaal, Hackesche Höfe

Kleiner Festsaal
Hackesche Höfe
Rosenthaler Str. 40/41, Hof 1
10178 Berlin
Tel.: 25 39 25 75

Palais am Festungsgraben
Am Festungsgraben 1
10117 Berlin
Vermietung historischer
Räume
Lenz Immobilien GmbH
Tel.: 238 41 45

AVZ im Logenhaus
Festzentrum GmbH
Emser Str. 12–13
10719 Berlin
Tel.: 873 63 26

Saalbau Neukölln
Karl-Marx-Str. 141
12043 Berlin
Tel.: 68 09 37 79

Alter Ballsaal
Müggelseedamm 164
12587 Berlin
Tel.: 645 57 16

Ballhaus Rixdorf
Kottbusser Damm 76
10967 Berlin
Tel.: 691 63 70

Gelen, H.
Halle für Feiern aller Art
Obentrautstr. 21
10963 Berlin
Tel.: 251 20 78

Prestige
S. Öcal
Ziegrastr. 15/19
12057 Berlin
Tel.: 611 82 73
Festsaal für 250–600 Pers.

1. Berliner Miet-Restaurant
Hügelschanze 3
13585 Berlin
Tel.: 375 46 46

Tanzschule Schmidt
Rosenthaler Str. 38
10178 Berlin
Tel.: 618 15 22 (Büro)

Hamburger Bahnhof
Veranstaltungs GmbH
Invalidenstr. 50–51
Astrid Lilja
10557 Berlin
Tel.: 39 78 34 20

Galerie Barbara Weiss
Potsdamer Str. 93
10785 Berlin
Tel.: 262 42 84

Litarisches Colloquium
Berlin e. V.
Am Sandwerder 5
14109 Berlin
Tel.: 81 69 96-0

Literaturhaus e. V.
Fasanenstr. 23
10719 Berlin
Tel.: 882 65 52

Haus der Kulturen der Welt
John-Foster-Dulles-Allee 10
10557 Berlin
Tel.: 397 83 20

Volksbühne
Rosa-Luxemburg-Platz
Bühneneingang Linienstr. 227
10178 Berlin
Tel.: 247 67 72
Roter Salon oder
Grüner Salon

Rote Info-Box Potsdamer Platz
Leipziger Str. 21
10117 Berlin
Tel.: 22 66 24 24

Bar jeder Vernunft
Schaperstr. 24
10719 Berlin
Tel.: 883 15 82

Traum-Fest-Service Liebenau
Albert-Schweitzer-Str. 14
12587 Berlin
Tel.: 645 21 85
e-mail: tfsliebenau@t-online.de
Der Traum-Fest-Service
Liebenau organisiert außergewöhnliche Hochzeiten
wie Fliegerhochzeiten oder
den Jahrtausendhochzeitstag,
an dem sich im Marmorsaal
des Palais am Festungs-
graben am 9. 9. 99, 99 Brautpaare zu jeweils 9 Paaren
ab 9 Uhr alle 9 Minuten das
Jawort geben.

Festzentrum Trabrennbahn
Mariendorfer Damm 222
12107 Berlin
Tel.: 740 12 41

Rockendorfs Restaurant
Düsterhauptstr. 1
13469 Berlin
Tel.: 402 30 99
Der Gourmet Hochzeits-
Doppelstockbus, das
fahrende Nostalgierestaurant
mit gekoppelter Berlin-Sight-
seeing-Tour.

MS Esplanade

Deutsche Bahn AG
Geschäftsbereich Fernverkehr
Regionalbereich Nord-Ost
Ruschestr. 104
10365 Berlin
Tel.: 297-0
»Auf Schienen ins Eheglück«
Schnelltriebwagen »Bauart
Görlitz«; Abteil- und Großraum-
wagen für max. 200 Personen
(Partyservice an Bord, Speise-
wagen, Tanzwagen mit Bar,
Video, Beschallungsanlage)

Hochzeitsbus der BVG
(Eindeckomnibus/Cabriolet
mit 30 Sitzplätzen)
Berliner Verkehrsbetriebe
Charter und Touristik
Tel.: 25 62 70 39/25 62 47 40

MS Esplanade
Willkommen im Hafen der Ehe
Lützowufer 15
10785 Berlin
Tel.: 25 47 88 18

Van Loon – Schiffstrauungen
Carl-Herz-Ufer
10961 Berlin
Tel.: 692 62 93

Capt'n Schillow
Heiraten auf dem Schiff
Straße des 17. Juni
(am Charlottenburger Tor)
10785 Berlin
Tel.: 31 50 50 15

Marina Lanke-Berlin
Trauen Sie sich an Bord!
Scharfe Lanke 109–131
13595 Berlin
Tel.: 362 00 90

Stern und Kreis Schiffahrt
GmbH Berlin
Puschkinallee 16/17
12435 Berlin
Tel.: 536 36 00

10.5 Locationagenturen

Wer im Olympiastadion oder gar auf dem Mond heiraten
möchte, diese Agenturen machen gegen Bezahlung Un-
mögliches möglich und werden Ihnen außergewöhnliche
Orte für Ihr Hochzeitsfest anbieten. Trauen Sie sich!

Berlin Location
Iris Lanz
Franklinstr. 12–14
10587 Berlin
www.berlinlocation.com

Berliner Salons
R. Grahmann
Mühlenstr. 20
13187 Berlin
Tel.: 485 34 37

Zander&Partner GmbH
Eventmarketing GmbH
Savignyplatz 6
10623 Berlin
Tel.: 31 86 01 13
Auch Ausrichtung von exklusi-
ven Hochzeitsfesten im großen
Rahmen.

11. Hochzeitsverköstigung

Ihre Gäste wollen an diesem besonderen Tag ausreichend und gut beköstigt werden. Sie finden in diesem Buch Adressen von Caterern bzw. Partyserviceunternehmen, Getränkevertrieben, Leihpersonalfirmen und natürlich von Konditoreien, die leckere Hochzeitstorten zaubern.

11.1 Hochzeitstorten

Kranzler
Kurfürstendamm 18/19
10719 Berlin
Tel.: 885 77 20

LeNôtre im KaDeWe
Tauentzienstr. 21–24
10772 Berlin
Tel.: 2121-0

Leysieffer Confiserie
Kurfürstendamm 218
10711 Berlin
Tel.: 88 57 48-0

Café Möhring
Am Gendarmenmarkt
10117 Berlin
Tel.: 203 09 22 40

Café Senst
Schloßstr. 96
12163 Berlin
Tel.: 790 83 20

Vinh-Loi
Asien Supermarkt
Rheinstr. 44
12161 Berlin
Tel.: 859 36 78
Bestellung aus einem Katalog

Sugar House
Extravagante Torten, Erotisches Backwerk, Eismeißerln
und Zuckerarbeiten
Kamminerstr. 33
10589 Berlin
Tel.: 344 14 45

Hochzeitstorte von Paedelt

Wiener Conditorei Caffeehaus
Opernpalais
Unter den Linden 5
10117 Berlin
Tel.: 202 68-3

Thoben Bäckereikette
Zentrale
Altonaer Str. 116
10559 Berlin
Tel.: 331 19 19

Paedelt
Exklusive Festtags- und
Spezialtorten. Figürliches aus

Marzipan, Schokolade und
Gebäck, auch Erotisches und
Extravagantes. Bestellung aus
einem Katalog.
Motzstr. 18
10777 Berlin
Tel.: 216 12 20

»Ihre Bäckerei« Baumgarten
Hochzeitstorten-Spezial-
konditorei
Lenaustr. 10
12047 Berlin
Tel.: 624 17 64

11.2 Catering und Partyservice

Das Hochzeitsessen stellt ein zentrales Ereignis während
Ihrer Hochzeitsfeier dar. Ihre Gäste werden extra zum Fest
anreisen, Sie zum Traualtar begleiten und Ihnen schöne
Geschenke machen. Sie sollten sich mit kulinarischen Ge-
nüssen dafür bedanken. Ob nun im Restaurant gegessen,
ein Party-Service bestellt wird oder Freunde die Bewirtung der Gäste übernehmen, genußvoll und ausreichend
sollte das Essen auf jeden Fall sein. Dabei stehen Ihnen
zwei Möglichkeiten zur Verfügung. Entweder reichen Sie
ein drei- oder mehrgängiges Menü, oder Sie lassen ein
variationsreiches Buffet aufbauen. In manchen Räumlichkeiten ist es schon rein organisatorisch unmöglich,
ein mehrgängiges Menü zu offerieren. Der Vorteil des
Menüs besteht aber darin, daß es keine Schlacht um die

besten Häppchen gibt. Der Ablauf ist gemütlicher, und man kann sich Zeit lassen. Das Buffet erlaubt Ihnen, ein reichhaltigeres Angebot aufzutischen. So kann sich jeder nach seinem Geschmack bedienen. Das Anstehen am Buffet kann auch die Atmosphäre auflockern.

Wenn Sie sich für einen Partyservice entschließen, testen Sie ihn vorher. Machen Sie einen Termin für ein Probeessen oder lassen Sie sich Referenzen geben. Wichtig ist eine gute Beratung. Das Essen sollte, wenn es sich um warmes Essen handelt, tatsächlich warm sein, das Gemüse al dente und nicht verkocht. Fragen Sie Ihren Caterer, worauf er sich spezialisiert hat. Er sollte Ihnen zuliebe keine Experimente machen. Schließlich soll alles am Tag Ihrer Hochzeit perfekt sein. Verdeutlichen Sie ihm Ihre Vorstellungen und geben Sie ihm einen exakten Zeitplan, an den er sich halten soll. Zeigen Sie ihm vorher die Räumlichkeit, damit er abschätzen kann, wo er den Küchen- bzw. Servierbereich aufbaut, was er schon vor Ort findet oder selbst mitbringen muß.

Benito Sambo

Catering & Partyservice
Bautzener Str. 19 II
10892 Berlin
Tel.: 781 19 81

Herr Sambo bietet Ihnen eine asiatisch-mediterrane Küche an, die sich von den üblichen Angeboten nicht nur geschmacklich, sondern auch optisch unterscheidet. Er unterhält unter anderem eine mobile Erlebnisküche, die er vor Ort aufbaut, so daß Sie ihm in die Töpfe schauen können. Frische Zubereitung ist das Zauberwort. Verschiedene Kultureinrichtungen, Mode- und Schmuckdesigner zählen bereits zu seinen zufriedenen Kunden.

Sarah Wiener
Böckhstr. 1
10967 Berlin
Tel.: 692 41 23
Sarah Wiener wird Ihnen individuell bei der Wahl Ihres Hochzeitsmenüs behilflich sein. Vorgedruckte Menüvorschläge und Listen werden Sie von ihr nicht bekommen, aber eine gute Beratung. Sie bietet saisonal ausgerichtete, mediterran-österreichische Menüs von 3–6 Gängen und kalte bzw. kalt-warme Buffets an. Das Essen wird eigens in für Frau Wiener angefertigten Tonschüsseln und Tontellern angerichtet. Der Tisch wird z. B. mit Blüten und Blättern dekoriert, so daß auch das Auge mitessen kann.

Einhorn Catering
Wittenbergplatz 5–6
10789 Berlin
Tel.: 21 47 97 64
Fax: 214 14 85
www.EinhornOnline.com
Die Qual der Wahl werden Sie bei der Durchsicht der Buffetvorschläge dieses schon von sehr vielen Firmenkunden und Privatpersonen beauftragten Unternehmens haben. Ob nun Speisen aus dem Mittelmeerraum, Heimisches aus der Mark Brandenburg oder gar Fernöstliches, kurzum, die Küche bietet internationales Essen an. Einhorn versteht sein Angebot an Köstlichkeiten als Antwort auf das multikulturelle Leben Berlins, als Spiegelbild unserer Stadt. Sie können z. B. das russische Buffet »MIR«, »Sultans Traum«, »Don Quichote«, »Buddhas Erwachen«, »anything goes«, »Heiligs Blechle« oder »Le rêve d'un seminariste« wählen.

Il Calice
Giesebrechtstr. 19
10629 Berlin
Tel.: 324 23 08
Der italienische Catering-Service der Enoteca Il Calice
bietet Ihnen italienische Leckereien vom einfachen Steh-
buffet bis hin zur professionellen Tischbewirtung. Für den
besonderen Anlaß, wie etwa der einer Hochzeit, wird ein
ganzes Menü in Absprache mit dem Kunden und nach
dessen Sonderwünschen zusammengestellt. Wem läuft
nicht das Wasser im Munde zusammen, wenn er »Ca-
prese aus Büffelmozzarella«, »Loup de mer« oder »Vitello
alla Genovese« angeboten bekommt.

Floris' Filmcatering
Liegnitzer Str. 15
10999 Berlin
Tel.: 618 14 60
Fax: 618 14 72
www.Floris-Filmcatering.com
Der seit 1994 existierende und bereits von Firmen wie
Mercedes Benz und McKinsey&Company, von Medien-
unternehmen wie FAZ, ZDF, SAT1, RTL2 georderte
Partyservice und Catering-Betrieb ist ganz auf den mobilen Einsatz eingestellt. Er verfügt über zwei professionell
ausgestattete Küchenfahrzeuge mit eigener Stromver-
sorgung und Zelten für bis zu 100 Personen. Ein idealer
Service für Hochzeitsfeiern, die z. B. im Freien oder an
außergewöhnlichen Orten stattfinden. Lassen Sie sich mit
Köstlichkeiten von kalt/warmen Buffets oder kulinarischen ausgewählten 5-Gänge-Menüs verwöhnen. Man
wird auf jeden Fall auf Ihre speziellen Wünsche und Vorstellungen eingehen.

Eiffel

Kurfürstendamm 105
10711 Berlin
Tel.: 891 13 05
Fax: 891 29 37
http://www.eiffel-berlin.com
Das professionelle Eiffel-Catering-Team schafft es, bis zu 1000 Gäste zu bewirten und zählt unter anderem das Porsche Zentrum Berlin, die Nostro Filmgesellschaft und das European Art Forum zu seinen Kunden. Es erwartet Sie ein Angebot vom kleinen, aber feinen Fingerfood bis hin zu einem exklusivem Gala-Diner. Freuen Sie sich auf Gaumenfreuden mit Namen »Dolce Vita«, »Gourmet Français«, »Stars and Strips« und »Luxus«.

Einstein Partyservice

Kurfürstenstr. 58
10785 Berlin
Tel.: 261 91 76
Das schon als Institution zu bezeichnende Café Einstein bietet auch einen Fullservice für Feste und Events jeder Art. Erfahren ist der Partyservice im Ausrichten von Hochzeiten und in der persönlichen Beratung, so daß keine Wünsche offenbleiben. Die Auswahl an Menüs zeigt sich nicht nur stilgerecht von der wienerischen Seite. Sie können auch kulinarische Köstlichkeiten aus anderen Ländern in der Speisekarte entdecken. Selbst auf die Hochzeitstorte aus der hauseigenen Patisserie muß nicht verzichtet werden.

Dirk Jahnke
Restaurant Boddenhaus
Am Großen Lottschesee
16348 Klosterfelde
Tel.: 0172/392 09 90
Der frischgebackene Restaurantbesitzer und ehemalige Berliner kann immer noch als Mietkoch für gewerbliche und private Anlässe geordert werden. Sein Kochrepertoire umschließt die süddeutsche, badische und märkische Küche. Frische Produkte und eine gesunde Mischung aus vollwertigen und leichten Gerichten werden Sie von ihm kredenzt bekommen.

Eßkapaden Partyservice
Heide Ferger
Karl-Kunger-Str. 55
12435 Berlin
Tel.:/Fax: 534 75 97
Hinter dem hübschen Firmennamen verbirgt sich ein innovatives kulinarisches Baukastenkonzept, nach dem jeder Kunde sein eigenes, individuelles Buffet oder Menü zusammenstellen kann. Probieren Sie doch mal die feine Erbsensuppe mit Parmesan, Honig, Knoblauch und Sahne, die Kalbsnuß in Weinblättern, mit Kürbis- und Pinienkernen und grüner Thunfischsauce und die Apfel-Mascapone mit Mandelkeksen.

Partyservice Valentin
Kindlebenstr. 3a
14089 Berlin
Tel.: 365 88 12
Peter Valentin ist nicht nur Fischspezialist, seine Küche ist international. Er bereitet entweder in seiner Profiküche

die Speisen für Ihre Hochzeitsfeier vor und vollendet sie
später oder kocht bei entsprechender Küchenausrüstung
vor Ort. Sein Angebot gehobener Küche erstreckt sich
vom Mehrgängemenü bis hin zur Zubereitung eines kalten oder warmen Buffets.

KaDeWe
Partyservice
Tauentzienstr. 21–24
10772 Berlin
Tel.: 21 21 23 79
Fax: 21 21 27 20
Das Angebot des KaDeWe Partyservices erstreckt sich
über 40 Din-A4-Seiten und wird Ihnen die Wahl Ihres
Hochzeitsmenüs oder Buffets bestimmt nicht leicht machen. Suchen Sie sich außergewöhnliche »Amuse Gue-
les« (Gaumenfreuden) für Ihren Cocktailempfang aus,
wählen Sie delikate Fleisch-, Fisch- oder vegetarische Gerichte für den Hauptgang und bereiten Sie sich auf ein
breites Angebot aus der LeNôtre-Patisserie, die Hochzeitstorte inbegriffen, vor.

11.3 Ausrüstung

Überlegen Sie im Vorfeld genau, was Sie alles bestellen
müssen, und ob Sie nicht das ein oder andere von Verwandten oder Freunden besorgen können, denn Auslei-
hen ist teuer. Sie sparen natürlich Geld, wenn Sie z. B.
das Geschirr selbst abholen und wieder gereinigt zurück-
bringen. Aber bedenken Sie den Aufwand. Erteilen Sie
rechtzeitig einen Auftrag, denn in den Sommermonaten
kann es passieren, daß durch die Häufung von Straßen-

und Firmenfesten und privaten Parties das Gesamtangebot an Tischen und Stühlen knapp wird. Mieten Sie ein Zelt, denken Sie an Heizmöglichkeiten für die kältere Jahreszeit!

Alles klar!
Veranstaltungsservice
Zimmerstr. 86–91
10117 Berlin
Tel.: 22 67 99 20
Porzellan, Gläser, Bestecke,
Leuchter, Buffetplatten u. v. m.

Ihr Partyausstatter
Eichborndamm 81–83
13403 Berlin
Tel.: 412 52 42
Zelte, Schirme, Tische, Bänke
u. v. m.

Kampen GmbH
Handel & Vermietung
Miet & Spül Gastronomie-
Service
Elbesstr. 28/29
12045 Berlin
Tel.: 61 39 99-0
Porzellan, Gläser, Bestecke,
Spülmaschinen, Kühlschränke
u. v. m.

Lorberg
rent-a-tree
Goldschmidtweg 29
12307 Berlin
Tel.: 746 88 40

Das Geschirrspülmobil
Schöneberger Str. 33
12103 Berlin
Tel.: 751 10 84
Vermietung von Geschirr,
Bestecken, Gläsern und Spül-
mobilen

Party- und Festbedarf
Seidel&Partner GbR
Provinzstr. 88
13409 Berlin
Tel.: 492 30 87
Feuerwerk, Geschirr-Verleih

H&K
Alles für Ihre Party
Kitzingstr. 2–6
12277 Berlin
Tel.: 74 06 85-0
Zapfanlagen, Geschirr, Gläser,

Grills, Stühle, Tische, Bänke,
Zelte, Künstler, Musiker, Servicepersonal, Partyservice

SOS-Party
Veranstaltungsservice, Verleih,
Vertrieb
Ahrensfelder Str. 7
16321 Lindenberg bei Berlin
Tel.: 94 11 34 91
Zelte, Tische, Stühle,
Schirme, Grills, Pfannen,
Zapfanlagen, Geschirr, Gläser,
Springbrunnen, Partyservice

Tausend Tassen
Geschirr-Verleih Gerresheim
John-F.-Kennedy-Platz 1
10825 Berlin
Tel.: 782 83 26

Integra
Partyausstattung
Flottenstr. 61
13407 Berlin
Tel.: 41 40 73 15
Geschirr, Gläser, Besteck,
Festzelte, Mobilar, Bierzapf-
anlage, Grills, Eis, Partyservice

*Reinkultur Spülzentrum in
Berlin GmbH*
Kärntener Str. 23

10827 Berlin
Tel.: 78 70 59 89

Berliner Zelte Verleih
Junostr. 7
13467 Berlin
Tel.: 404 55 23

Internationaler Zeltverleih
Ulli Wittke
Erlenweg 33
14532 Kleinmachnow
City-Tel.: 86 49 19-0

Expofair
Festausstattungen
Lahnstr. 25–27
12055 Berlin
Tel.: 683 47 40
Möbel, Designer-Möbel, Zelte,
Tanzparkett, Großschirme,
Garderoben- und Konfek-
tionsständer, Barhocker,
Bistro- und Polstermöbel.

Gruschka+Wiermann
Mietmöbel
Rapsweg 53
12683 Berlin
Tel.: 563 21-33 oder -35

11.4 Getränkevertrieb

Überlegen Sie, wie viele und welche Getränke Sie für Ihr Hochzeitsfest brauchen. Sind viele Kinder eingeladen, tragen Sie dafür Sorge, daß eine Auswahl an alkoholfreien Getränken bereitsteht. Welche Getränke passen am besten zu Ihrem Essen? Bier reicht man eher zu einem rustikalen Buffet und zum Durstlöschen zwischendurch oder später beim Tanzen. In der Regel wird Wein angeboten. Der Grundsatz, Rotwein zu dunklem und Weißwein zu hellem Fleisch zu trinken, wird nicht mehr so eng gesehen. Bieten Sie beides an, das wirkt großzügiger, und Wein kann ja nicht schlecht werden. Die Faustregel besagt: Zum Essen braucht man mindestens einen halben Liter Alkohol pro Person, dazu reichlich Mineralwasser. Vielleicht möchten Sie vor dem Essen einen kleinen Empfang geben, damit sich Ihre Gäste besser kennenlernen können. Überlegen Sie, wer die Gläser mit Champagner, Sekt oder Prosecco füllen könnte und reichen Sie kleine Appetizer dazu. In der Regel werden zwei Gläser pro Person getrunken. Falls Sie keinen Sektempfang einplanen, ist es ratsam, einen Aperitif anzubieten. Als Abrundung eines schönen Menüs bietet sich eine kleine Auswahl an Digestifs an.

Geben Sie dem Getränkevertrieb eine genaue Wegbeschreibung, die Lieferzeit und den Namen des Ansprechpartners an. Lassen Sie sich Ihren Auftrag unbedingt bestätigen, das ist wichtig für eventuelle Reklamationen. Überprüfen Sie, ob alles geliefert wurde und überlegen Sie vorher, wo die Getränke gelagert bzw. gekühlt werden können.

Getränkelieferservice Heidrich
Malteserstr. 139
12277 Berlin
Tel.: 722 60 02

Getränke Hoffmann
Röblingstr. 130/132
12105 Berlin
Tel.: 753 96 06

Der Getränkeladen
Eiswerderstr. 19
13585 Berlin
Tel.: 35 50 37 42

Getränke »rausch«
Lieferservice
Mierendorffplatz 6
10589 Berlin
Tel.: 345 79 80

Leo's Getränke
Haus & Büroservice GmbH
Torgauer Str. 1
10829 Berlin
Tel.: 891 66 60

Getränkemarkt K. Mellien
Große-Leege-Str. 75
13055 Berlin
Tel.: 970 43 94

Der Flinke Selter
Talstr. 3–6
13189 Berlin
Tel.: 478 76 64

Bachmann's Bar
Cocktail-Komplett-Service
Bozener Str. 6/7
10825 Berlin
Tel.: 854 22 46

11.5 Eislieferanten

Wer kennt sie nicht, die Badewanne gefüllt mit Sekt- oder Champagnerflaschen. Aber wo kommt das Eis her? Ob Würfel-, Stangen-, Trocken,- Scherben- oder Crushed Eis, folgende Eislieferanten können Ihnen das passende liefern und, wenn es sein soll, auch noch einen schönen Schwan oder ein Hochzeitspaar aus Eis.

Eisvogel Nutzeis GmbH
Motzener Str. 30
12277 Berlin
Tel.: 723 00 70
Stangeneis, Scherbeneis,
Flockeneis, Eiswürfel, Crushed
Eis, farbiges Eis, Eisfiguren,
Eisdekorationen, Objektein-
frierungen, Trockeneis in
Scheiben und Blöcken

Franz Czaby
Ostpreußendamm 134
12207 Berlin

Tel.: 772 38 07
Stangeneisproduktion und
Trockeneis

Berliner Eiswürfel Express
Jan Püschel
Roßmäßlerstr. 18
10318 Berlin
Tel.: 503 08 21
Eiswürfel, Crushed Eis, Eis-
barren

11.6 Leihpersonal

Es ist immer ein Wagnis, Personen zu beauftragen, deren
Art zu arbeiten man vorher nicht prüfen konnte. Aber
hier stehen Ihnen professionelle Agenturen zur Seite, die
ihre Arbeit nicht zum ersten Mal verrichten. Dennoch,
lassen Sie sich auch von ihnen Referenzen geben und
überzeugen Sie sich, ob der Kundenstamm zu Ihnen paßt.
Auch hier gilt: Je genauer Sie der Agentur Ihre Wünsche
und Vorstellungen beschreiben, desto besser wird Ihr Ansprechpartner Sie einschätzen und entsprechendes Leih-
personal für Sie auswählen können.

Hostessendienst:

Berlin Brandenburg Casting
Servicepersonal
Finowstr. 9
12045 Berlin
Tel.: 686 29 07

ProMotion
Gastronomie, Veranstaltun-
gen, Cocktailparties
Isabelle Jean-Louis
Kruppstr. 11
10559 Berlin
Tel.: 394 87 03

Kerszberg Events
Hostessen- und Personal-
service für Veranstaltungen
Johann-Georg-Str. 5
10709 Berlin
Tel.: 89 09 40 35/36

Zeitarbeit:

Buhl Gastronomie
Personal-Service
Niederlassung Berlin
Schlüterstr. 71
10625 Berlin
Tel.: 312 22 50

Heinzelmännchen
Studentische Aushilfen
jeglicher Art
Thielallee 38
14195 Berlin
Tel.: 831 60 71

Tusma
Die studentische Arbeits-
vermittlung
Hardenbergstr. 9a
10623 Berlin
Tel.: 315 93 40

12. Berliner Standesämter

Das bunte Berliner Leben macht auch vor den Türen der Standesämter nicht halt. Schließlich sind es vor allem Berliner, die hier den Bund fürs Leben schließen. So können die Standesbeamten manch nette Anekdoten erzählen, z. B. über das Punkerpaar, das sich in Begleitung seiner süßen Haustierchen (Ratten) das Jawort gab oder über die Eheschließung, die kurzfristig platzte, weil der Bräutigam verhaftet wurde. Aus dem Rahmen fiel auch die Trauung, als die Braut plötzlich einfach »nein« sagte. Zwei Wochen später hat es das Paar dann doch noch geschafft. Nicht weniger dramatisch war die mit Sondergenehmigung durchgeführte Blitzehe innerhalb eines Tages: Die Braut war hochschwanger. Als nicht ganz alltäglich entpuppte sich eine Zirkushochzeit. Auch für einen erfahrenen Standesbeamten sind Kamele und Elefanten, die im Garten des Standesamtes warten, ein Erlebnis der besonderen Art. In diese Kategorie fallen auch die Hochzeiten der Berliner Prominenz.

Die standesamtliche Eheschließung in Berlin bietet mittlerweile Brautpaaren eine breite Palette an besonderen Dienstleistungen. Vorbei sind die Zeiten, in denen man Heiraten mit einem bürokratischen Gang zum Amt gleichsetzen mußte. Ein Großteil der Berliner Standesämter offeriert spezielle Leistungen, z. B. die musikalische Umrahmung der Eheschließung nach den Wünschen des Paares, Gedichteinlagen durch den Standesbeamten, Sektempfang im Standesamt oder Eheschließungen an außergewöhnlichen Orten außerhalb des Standesamtes. Man ist bemüht, die Eheschließung so festlich wie möglich zu

gestalten und nimmt sich für die Zeremonie in der Regel
eine halbe Stunde Zeit. Für individuelle Wünsche des Paares haben viele Standesbeamte ein offenes Ohr. Allerdings
gibt es immer noch Standesämter, die weniger flexibel
oder serviceorientiert sind. Das zeigt sich auch am Hochzeitskatalog der Ämter, in dem Heiratswillige Tips und
Leistungsverzeichnisse von Dienstleistern rund um die
Hochzeit (Hochzeitsfotografen, Fahrzeugvermietungen,
Kosmetiksalons, Hotels und Gaststätten) finden. Einige
Standesämter lehnen es prinzipiell ab, solche Informationen auszulegen. Ihre Begründung heißt: Wettbewerbs-
verzerrung.

Eine fast unüberbrückbare Uneinigkeit zwischen einigen
Berliner Standesämtern herrscht auch darüber, ob es prinzipiell möglich sein sollte, auch außerhalb der Standesämter Ehen zu schließen. Der zusätzliche Mehraufwand
an Kosten und Zeit ist gern das Gegenargument. Von
den Gegnern wird aber auch zu bedenken gegeben, daß
durch die unterschiedlichen Serviceangebote und Leistungen der Standesämter zu große Unterschiede in den
Bezirksämtern entstehen und dadurch Spannungen auf-
treten könnten. Offensichtlich befürchtet man, daß servi-
ceorientierte Ämter bevorzugt werden.

Eine weitere Grundsatzfrage innerhalb der Standesämter
ist die Möglichkeit der Eheschließung an Samstagen. Hier
hat sich im letzten Jahr einiges getan, und so manches
Standesamt hat sich umorientiert. Eheschließungen an
Samstagen sind mittlerweile in nahezu allen Berliner Standesämtern möglich. Die meisten Standesämter befinden
sich in einer Umbruchphase, und manche Standesbeamte
können zu Recht stolz darauf sein, den Dienstleistungsge-
danken verinnerlicht und vorangetrieben zu haben. Ins-
besondere die Standesämter Tiergarten und Mitte über-

raschen positiv mit ihrem Angebot rund ums Heiraten. Aber vielleicht hängt das weniger starke Engagement mancher Berliner Standesämter damit zusammen, daß ab dem Jahr 2001 die Standesämter in Berlin von bisher 23 auf nur noch 12 reduziert werden sollen.

Was auf Berliner Standesämtern in Sachen Eheschließungen alles möglich ist und alle wichtigen Informationen lesen Sie im folgenden Kapitel: z. B. die Anschriften und die allgemeinen Öffnungszeiten für die Anmeldung zur Eheschließung sowie die Tage und Uhrzeiten, an denen eine Eheschließung möglich ist, und natürlich erfahren Sie auch etwas über die Kapazität der Eheschließungszimmer und über die Serviceleistungen. Den praktischen Hinweisen im darauffolgenden Kapitel können Sie entnehmen, welche Papiere Sie für eine standesamtliche Eheschließung in Berlin benötigen und was sonst noch zu beachten ist. Dabei wurde sowohl an Ausländerehen als auch an Wiedervermählungen gedacht.

12.1 Öffnungszeiten und Service
der Standesämter

1. Standesamt Charlottenburg von Berlin
Alt-Lietzow 28
10587 Berlin
Tel.: 3430-2209, 2252, 2595
Fax: 34 30 27 60

Sprechzeiten: Mo., Mi., Do. 8.30–13.00 Uhr,
Di. 15.00–18.00 Uhr
Eheschließungszeiten: Mo., Mi., Do. 10.00–11.20 Uhr,
Di. 11.00–12.20, Fr. 9.00–13.00 Uhr,
Sa. 9.00–12.40 Uhr
Service: Musik auf Kassetten oder CDs kann gern mitge-
bracht werden. Um lange Wartezeiten zu vermeiden, kön-
nen Unterlagen abgegeben und ein Termin für den An-

Heiraten im Aquarium des Zoologischen Gartens

trag auf Eheschließung vereinbart werden. In unmittelbarer Nähe des Standesamtes befinden sich Parkplätze.

Kapazität: Ein Raum mit Sitzplätzen für 7 Personen.

Leistungen außerhalb des Standesamtes: In Vorbereitung.

Statistik: Ungefähr 1200 Eheschließungen pro Jahr.

Allgemeines: Das Standesamt Charlottenburg ist sehr gefragt. Es ist in einer unter Denkmalschutz stehenden Villa untergebracht. Für die Sommermonate sollte man das Aufgebot ein halbes Jahr im voraus bestellen. Viele Prominente haben hier geheiratet: Hildegard Knef, Bubi Scholz, Schauspieler der Schaubühne. Der Garten bietet sich für einen anschließenden Sektempfang an.

2. Standesamt Friedrichshain von Berlin

Frankfurter Allee 33–37
10247 Berlin
Tel.: 2324-4648, 4528, 4529
Fax: 23 24 41 70

Sprechzeiten: Mo.-Mi. 9.00–12.00 Uhr, Do. 14.00–18.00 Uhr

Eheschließungszeiten: Mo.-Sa. nach Absprache

Service: Eigene Broschüre »Die Traumhochzeit« mit Tips rund ums Heiraten, Hochzeitskatalog, Sektempfang möglich, musikalische Umrahmung nach Wunsch, separater Eingang für das Brautpaar, Parkmöglichkeiten im Parkhaus, Kunstausstellung in den Räumen des Standesamtes, behindertengerecht.

Kapazität: Zwei Gästezimmer mit jeweils 20 Sitzplätzen. Die Warteräume sind modern eingerichtet, der Eheschließungsbereich ist mit antiken Möbeln ausgestattet.

Leistungen außerhalb des Standesamtes: Trauungen in BVG-Sonderfahrzeugen (Busse, Straßenbahnen).
Statistik: Ungefähr 450 Trauungen im Jahr.

3. Standesamt Hellersdorf von Berlin

Alice-Salomon-Platz 3
12627 Berlin
Tel.: 9920-2175, 2171, 2174

Sprechzeiten: Mo.-Di. 9.00–12.00 Uhr,
Do. 15.00–18.00 Uhr
Eheschließungszeiten: Mo.-Fr. 9.00–14.00 Uhr, zwei Sa. im Monat zwischen Mai-September, ansonsten einen Sa. im Monat.
Service: Hochzeitskatalog, musikalische Umrahmung der Eheschließung, Parkmöglichkeiten in unmittelbarer Nähe, Sektempfang auf Wunsch (kostenpflichtig).
Kapazität: Hochzeitssaal mit 40 Sitzplätzen.
Leistungen außerhalb des Standesamtes: Im Gutshaus Charlotte von Mahlsdorf (Gründerzeitmuseum) mit Live-Konzert oder nostalgischer Musik, gegen Aufpreis.
Statistik: Es werden 300 Ehen im Jahr geschlossen.

4. Standesamt Hohenschönhausen von Berlin

Oberseestr. 56
13053 Berlin
Tel.: 9827-025, 026
Fax: 467 50 25

Sprechzeiten: Mo.-Di. 8.30–12.00 Uhr, Do. 14–18 Uhr, weitere Termine nach Vereinbarung.

Eheschließungszeiten: Mo.-Fr. nach Wunsch, ab Mai bis Oktober Sa. auf Anfrage.

Service: Hochzeitskatalog, Sektempfang bei schönem Wetter im Garten möglich (Mai–Oktober), musikalische Umrahmung nach Wunsch des Brautpaares, direkte Vorfahrt und Parkmöglichkeiten vor dem Standesamt, Kunstausstellungen in den Räumen des Standesamtes, kann behindertengerecht ausgestattet werden.

Kapazität: Der Raum bietet 27 Sitzplätze, Warteraum vorhanden.

Leistungen außerhalb des Standesamtes: Keine, außer bei Notfällen.

Statistik: 450–500 Eheschließungen im Jahr.

Allgemeines: Das Standesamt liegt in ruhiger Lage in einer Villa auf einem 3000 m^2 großen Seegrundstück am Obersee. Das Grundstück bietet reichlich Platz für traditionelle Hochzeitsbräuche.

5. Standesamt Köpenick von Berlin

Alt-Köpenick 21
1255 Berlin
Tel.: 6584-2554, 2620, 2622
Fax: 65 84 20 40

Sprechzeiten: Mo.-Do. täglich von 9.00–12.00 Uhr, Di. von 15.00–19.00 Uhr

Eheschließungszeiten: Mo.-Fr. vormittag, Sa. je nach Bedarf, bitte telefonisch erfragen.

Service: Hochzeitskatalog in absehbarer Zeit, Sektempfang, CDs und Musikkassetten zur Umrahmung der Trauung bereits vorhanden oder können mitgebracht werden, behindertengerecht.

Kapazität: 30 Sitzplätze, 50 Personen passen in den Saal.
Leistungen außerhalb des Standesamtes: Eheschließungen an Bord der Berliner Wassersport GmbH (Köpenicker Unternehmen).
Statistik: Etwa 700 Eheschließungen im Jahr.

6. Standesamt Kreuzberg von Berlin
Mehringdamm 110–114
10965 Berlin
Tel.: 2588-3022, 3209, 3021
Fax: 25 88 30 66

Sprechzeiten: Mo.-Do. 8.30–13.00 Uhr
Eheschließungszeiten: Mo.-Do. 9.00–15.00 Uhr,
Fr. 9.00–13.00 Uhr, jeden vierten Sa. nach Vereinbarung.
Service: Hochzeitskatalog, persönliche Musikuntermalung bei Eheschließung, je nach Standesbeamten unterschiedliche Serviceangebote (Musik, Gedichte), für jeden wird eine persönliche Hochzeitszeitung bereitgehalten, behindertengerecht, Parkmöglichkeiten.
Kapazität: Acht Sitzmöglichkeiten, 30 Personen.
Leistungen außerhalb des Standesamtes: Eheschließung im ehemaligen Wasserturm von 1877 in der Fidicinstraße (mit dortigem Betreiber kann Essen und Sektempfang organisiert werden), Schiffstrauungen (Kreuzberger Gewässer) sind möglich, wenn das Brautpaar alles organisiert. Das Berlin Museum und das Museum für Verkehr und Technik sind als Trauungsorte im Gespräch.
Statistik: Etwa 800–900 Eheschließungen im Jahr.

7. Standesamt Lichtenberg von Berlin

Anton-Saefkow-Platz 7
10369 Berlin
Tel.: 5504-3550, 3552, 3254
Fax: 55 04 35 59

Sprechzeiten: Mo.-Di. 9.00–12.00 Uhr,
Do. 15.00–18.00 Uhr
Eheschließungszeiten: Mo.-Fr. 9.00–12.00 Uhr, bei
Nachfrage auch später, Sa. auf Anfrage.
Service: Aus 32 CDs kann Musik zur Umrahmung aus-
gewählt oder eigene mitgebracht werden.
Kapazität: Zwei Säle (einmal 14, einmal 30 Sitzplätze).
Leistungen außerhalb des Standesamtes: Nur Nottrau-
ungen.
Statistik: Ungefähr 850 Trauungen im Jahr.
Umgebung: Das Standesamt befindet sich in einer alten
Fabrikantenvilla und liegt inmitten des Fennpfuhlparks.

8. Standesamt Marzahn von Berlin

Helene-Weigel-Platz 8
12681 Berlin
Tel.: 54 07-1391, 1408, 1452
Fax: 541 11 43

Sprechzeiten: Mo.-Di. 9.00–12.00, Di. 15.00–18.00,
Do. 14.00–17.00 Uhr
Eheschließungszeiten: Mo.-Fr. je nach Nachfrage,
nicht am Sa.
Service: Hochzeitskatalog, Kassetten und CDs zur musikalischen Umrahmung der Eheschließung, Sektempfang
auf Wunsch, Parkplätze, behindertengerecht.

Kapazität: Sitzplätze für 30 Personen, mindestens 50 passen in den Saal.

Leistungen außerhalb des Standesamtes: In den Sommermonaten Trauungen in der Bockwindmühle im historischen Dorfkern Alt-Marzahns nach Absprache möglich.

Statistik: Ungefähr 340 Trauungen im Jahr.

9. Standesamt Mitte von Berlin

Jüdenstr. 34–42 (Molkenmarkt)
10178 Berlin
Tel.: 902 70-1205, 1204
Fax: 90 27 20 43

Sprechzeiten: Mo., Di., Do. 9.00–12.30 Uhr, Do. 15.00–18.00 Uhr

Eheschließungszeiten: Mo.-Fr. 9.00–13.00 Uhr, Do. 9.00–17.00 Uhr, Sa. je nach Bedarf; es können auch Vereinbarungen außerhalb der offiziellen Trauungszeiten getroffen werden.

Service: Hochzeitskatalog, Familienratgeber für fast alle familiären Angelegenheiten, musikalische Umrahmung nach Wunsch, Sektempfang möglich.

Kapazität: Ein Saal mit 40–50 Sitzplätzen.

Leistungen außerhalb des Standesamtes: Trauungen an folgenden Orten möglich: Palais am Festungsgraben, kleiner Festsaal Hackesche Höfe, Opernpalais, verschiedene Hotels, 25 Schiffe auf der Spree, Fernsehturm und rote »Info-Box« am Potsdamer Platz, Turm im Französischen Dom, (Ostportikussaal oder unter den Glocken), Bus unter dem Brandenburger Tor (BVG), Partytram hält am Kupfergraben.

Statistik: Ungefähr 600 Eheschließungen pro Jahr.

Heiraten in der roten »Info-Box« am Potsdamer Platz

10. Standesamt Neukölln von Berlin
Donaustr. 29
12043 Berlin
Tel.: 68 09-2209, 2626, 2658, 2480
Fax: 68 09 37 40

Sprechzeiten: Mo., Di. 8.30–13.00 Uhr, Do. 14–18 Uhr
Eheschließungszeiten: Mo.-Fr. vormittag, Sa. auf An-
frage.
Service: Umfangreiche Betreuung zur Anmeldung der
Eheschließung, CDs und Kassetten zur musikalischen Er-
heiterung vorhanden, Hochzeitskatalog, behindertenge-
recht.
Kapazität: 24 Sitzplätze.
Leistungen außerhalb des Standesamtes: Nur in Not-
situationen oder im Krankenhaus, in Zukunft an Samsta-

gen Eheschließungen außerhalb des Standesamtes möglich, wie z. B. in der Britzer Mühle.

Statistik: Etwa 1000 Eheschließungen pro Jahr.

11. Standesamt Pankow von Berlin

Breite Str. 24 a/26
13187 Berlin
Tel.: 48 83-2215, 2218
Fax: 48 83 22 44

Sprechzeiten: Di., Mi. 9.00 – 12.00 Uhr,
Do. nach Voranmeldung 15.00 – 18.00 Uhr
Eheschließungszeiten: Mo., Do. und Fr. vormittag und einen Sa. im Monat.
Service: Musik vorhanden, Hochzeitskatalog in Vorbereitung, Parkmöglichkeiten in unmittelbarer Nähe des Rathauses.

Just married!

Kapazität: 30 Sitzplätze.

Leistungen außerhalb des Standesamtes: Schloß Niederschönhausen an ganz bestimmten Terminen im Jahr, bitte erfragen.

Statistik: Ungefähr 575 Eheschließungen im Jahr.

Allgemeines: Das im Jugendstil eingerichtete, schöne Trauzimmer befindet sich im historischen Rathaus Pankow.

12. Standesamt Prenzlauer Berg von Berlin

Fröbelstr. 17
10405 Berlin
Tel.: 4240–2424, 2431
Fax: 42 40 25 13

Sprechzeiten: Mo. und Di. 9.00–12.00 Uhr,
Do. 15.00–18.00 Uhr

Eheschließungszeiten: Mo.-Fr. ab 9.00 Uhr, am ersten Sa. im Monat.

Service: Separater Eingang für die Eheschließung, ein Gästezimmer, in dem im Anschluß an die Trauung mit Sekt (Selbstversorger, Gläser sind vorhanden) angestoßen werden kann, klassische Musik vorhanden, kann aber auch mitgebracht werden, behindertengerecht.

Kapazität: Zwei Räume mit 15 bzw. 30 Sitzplätzen.

Leistungen außerhalb des Standesamtes: Keine, außer bei Notfällen.

Statistik: Rund 600 Eheschließungen im Jahr.

13. Standesamt Reinickendorf von Berlin

Eichborndamm 215
13437 Berlin
Tel.: 41 92-2209, 2151, 2153

Sprechzeiten: Mo.-Do. 8.30–13.00 Uhr
Eheschließungszeiten: Mo.-Fr. vormittag, in den Sommermonaten ein variabler Sa.
Service: Parkmöglichkeiten in unmittelbarer Nähe des Standesamtes.
Kapazität: Zwei Zimmer mit 16 bzw. 20 Sitzplätzen.
Leistungen außerhalb des Standesamtes: Moby Dick, Eheschließung auf einem Schiff im Tegeler Hafen, Trauung in der Strafanstalt Tegel.
Statistik: 1200 Eheschließungen im Jahr.

14. Standesamt Schöneberg von Berlin

Rathaus
John-F.-Kennedy-Platz
10820 Berlin
Tel.: 78 76-2209, 2601, 2604

Sprechzeiten: Mo.-Do. 8.30–13.00 Uhr
Eheschließungszeiten: Mo.-Do. 10.00–11.00 Uhr, Fr. 9.00–13.00 Uhr, Sa. bisher keine Trauung.
Service: Hochzeitskatalog, behindertengerecht, an Markttagen gibt es Parkzettel
Kapazität: Ein Saal mit 12 Sitzplätzen.
Leistungen außerhalb des Standesamtes: Keine, außer bei Notfällen.
Statistik: Rund 800 Eheschließungen pro Jahr.

15. Standesamt Spandau von Berlin
Carl-Schurz-Str. 2
13578 Berlin
Tel.: 33 03-2209, 2508, 2925, 2509
Fax: 33 03 20 08

Sprechzeiten: Mo.-Do. 8.30–13.00 Uhr
Eheschließungszeiten: Mo.-Fr. vormittag, Sa. prinzipiell einmal im Monat, allerdings nur nach Absprache.
Service: behindertengerechter Zugang zum Standesamt, Parkhaus in der Nähe.
Kapazität: Zwei Räume mit je 20 Sitzmöglichkeiten.
Leistungen außerhalb des Standesamtes: Zitadelle gegen Aufpreis.
Statistik: Ungefähr 1000 Eheschließungen pro Jahr.

16. Standesamt Steglitz von Berlin
Rathaus Lichterfelde
Goethestr. 9
12207 Berlin
Tel.: 79 04-6209, 6210, 6211, 6215
Fax: 79 04 21 70

Sprechzeiten:
Mo.-Mi. 8.30–12.00 Uhr, Do. nach Vereinbarung
15.00–18.00 Uhr.
Eheschließungszeiten: Mo.-Fr. vormittag, Do. nachmittag nach Absprache möglich, Sa. noch nicht möglich.
Service: Musikalische Umrahmung möglich, Parkplätze in unmittelbarer Nähe des Standesamtes. Der Eheschließungsbereich ist für Behinderte gut zugänglich (Aufzug).
Kapazität: 16 Sitzmöglichkeiten.

Brautstrauß von »Blumentick«

Leistungen außerhalb des Standesamtes: bisher keine, Anfrage für Eheschließungen im Botanischen Garten für 1999 erfolgt.
Statistik: Rund 1000 Ehen werden hier im Jahr geschlossen.

17. Standesamt Tempelhof von Berlin

Tempelhofer Damm 165
12099 Berlin
Tel.: 75 60-2209, 2320, 2271, 2375
Fax: 75 60 23 91

Sprechzeiten: Mo.-Do. 9.00–12.30 Uhr
Eheschließungszeiten: Mo.-Fr. vormittag, Sa. keine Eheschließung.
Service: Behindertengerecht, verkehrsgünstig gelegen.
Kapazität: Ein Raum mit 20 Sitzplätzen.
Leistungen außerhalb des Standesamtes: Keine, außer bei Notfällen.
Statistik: Etwa 800 Ehen werden hier jährlich geschlossen.

18. Standesamt Tiergarten von Berlin

Kurfürstenstr. 57
10785 Berlin
Tel.: 39 05-4212, 4223, 4224
Fax: 39 05 42 33

Sprechzeiten: Mo.-Di.-Do. 8.30–12.00 Uhr
Eheschließungszeiten: Mo.-Fr. 8.30–15.00 Uhr, Fr. bis 14.00 Uhr, Sa. auf Anfrage.
Service: Große Auswahl an Musik, drei Hochzeitskata-

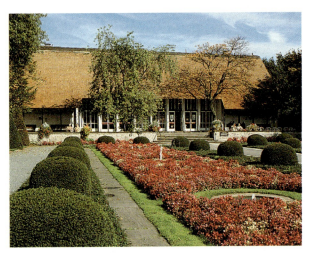

Heiraten im Teehaus

loge, besondere Wünsche werden gern berücksichtigt, Parkplatz direkt am Haus, behindertengerecht, Computerterminal im Wartebereich, der Informationen rund ums Heiraten bietet.

Kapazität: Ein Saal mit Sitzplätzen für 22 Personen.

Leistungen außerhalb des Standesamtes: Mo.-Sa. von 10.00–16.00 Uhr und gegen Aufpreis.

Orte für Eheschließungen außerhalb des Amtes: Teehaus im Englischen Garten (im Tiergarten), Altonaer Straße; Hotel Hamburg, Landgrafenstraße; Hotel Berlin, Lützowplatz; Alfa Hotel, Ufnaustr.; Hotel Esplanade, Lützowufer; Capt'n Schillow, Straße des 17. Juni; Stadtteilverein, Pohlstraße; Hochzeitsbus der BVG, diverse Orte; Esplanade-Schiff, Lützowufer; Stern- und Kreisschiffahrt, diverse Schiffe und Anleger; Marina Lanke Werft; City Schiffahrt

Gabriel; Zoologischer Garten (Vogelhaus, Zoo-Aqua-rium); Berliner Wassersport und Service GmbH; Sorat-Hotel, Alt-Moabit; MS Schildhorn; Van Loon; Barkasse Josephine; Hotel Interconti; Räumlichkeit am Potsdamer Platz in Planung.
Statistik: 550 Ehen jährlich.

19. Standesamt Treptow von Berlin
Neue Krugallee 4
12435 Berlin
Tel.: 53 31-4201, 4224
Fax: 53 31 42 02

Sprechzeiten: Mo. 9.00–12.30 Uhr, Di. 7.30–12.30 Uhr, Do. 9.00–12.30 und 14.00–18.00 Uhr
Eheschließungszeiten: Mo.-Fr. 9.00–12.00 Uhr, Sa. April-Sept. jeden zweiten Sa. im Monat, zusätzlich am 22. Mai 1999.
Service: Hochzeitskatalog, musikalische Umrahmung nach Wunsch, an fünf Samstagen Auftritt der Musikschule Treptow mit Liedern (nicht während der Berliner Schulferien), genaue Absprache der Zeremonie mit den Brautpaaren, offen für Wünsche, Sektgläser vorhanden.
Kapazität: Ein Saal mit 44 Sitzplätzen vorhanden.
Leistungen außerhalb des Standesamtes: Planetarium der Archenhold-Sternwarte gegen Aufpreis (genaue Termine bitte telefonisch erfragen, in der Regel an Freitagen).
Statistik: Rund 500 Eheschließungen im Jahr.
Allgemeines: Das Standesamt befindet sich im 1910 im Renaissance-Stil erbauten Rathaus. Treptower Park und Plänterwald in unmittelbarer Nähe.

Kleiner Brautstrauß

20. Standesamt Wedding von Berlin
Müllerstr. 147
13353 Berlin
Tel.: 45 75-2660, 2209, 2659
Fax: 45 75 38 80

Sprechzeiten: Mo.-Mi. 8.30–13.00 Uhr,
Do. 14.00–18.00 Uhr
Eheschließungszeiten: Mo.-Fr. 8.30–13.00 Uhr und
den zweiten Sa. im Monat.
Service: Hochzeitskatalog und Musik (CDs) vorhanden,
behindertengerecht.
Kapazität: Ein Raum mit 10 Sitzplätzen und 30 Steh-
plätzen.
Leistungen außerhalb des Standesamtes: Im Butten-
saal der Bibliothek am Luisenbad, im Heimatmuseum
Wedding und überall im Bezirk, wenn die Öffentlichkeit

ausgeschlossen werden kann. Auch Eheschließungen zu
Hause möglich.
Statistik: Rund 720 Eheschließungen im Jahr.

21. Standesamt Weißensee von Berlin

Amalienstr. 8
13086 Berlin
Tel.: 96 79-3200, 3201, 3214

Sprechzeiten: Mo.-Di. 9.00–12.30 Uhr,
Do. 14.00–18.00 Uhr
Eheschließungszeiten: Mo.-Fr. nach Absprache. Sa.
einmal monatlich.
Service: Musikalische Umrahmung nach Wunsch, Hochzeitskatalog in Vorbereitung, behindertengerecht.
Kapazität: Ein Saal mit 25 Sitzplätzen.
Leistungen außerhalb des Standesamtes: Keine, außer
Nottrauungen.
Statistik: Ungefähr 300 Eheschließungen im Jahr.
Allgemeines: Das Standesamt befindet sich in einer unter
Denkmalschutz stehenden Villa, die neu saniert wurde.

22. Standesamt Wilmersdorf von Berlin

Berkaer Platz 1
14199 Berlin
Tel.: 86 41-2209, 3653, 3663
Fax: 86 41 35 12

Sprechzeiten: Mo., Di., Do. 7.00–12.00 Uhr
Eheschließungszeiten: Mo.-Fr. 9.00–12.40 Uhr, jeder
zweiten Sa. im Monat bis 12 Uhr.

Service: Parkmöglichkeiten in unmittelbarer Nähe des Standesamtes.

Kapazität: Zwei Räume. Einer für 32 Sitzmöglichkeiten, und ein kleiner mit 12 Plätzen.

Leistungen außerhalb des Standesamtes: Keine, außer Nottrauungen.

Statistik: Ungefähr 1200 jährliche Eheschließungen.

Allgemeines: Das Standesamt befindet sich im Rathaus Schmargendorf. Historische Räumlichkeiten: Rats- bzw. Rittersaal mit Wappen und Kamin.

23. Standesamt Zehlendorf von Berlin

Teltower Damm 10
14169 Berlin
Tel.: 8091–2209, 2698, 2516
Fax: 80 91 31 77

Sprechzeiten: Mo.-Mi. 8.30–12.30 Uhr
Eheschließungszeiten: Mo.-Fr. 8.40–12.20 Uhr und jeden ersten Sa. im Monat.
Service: Hochzeitskatalog.
Kapazität: Ein Raum mit 16 Sitzplätzen.
Leistungen außerhalb des Standesamtes: z. Zt. keine.
Statistik: Rund 700 Eheschließungen pro Jahr.
Allgemeines: Das beliebte Standesamt befindet sich in einer Villa an der Dorfaue in Zehlendorf-Mitte. Es ist ratsam, so früh wie möglich einen Termin für die Trauung zu vereinbaren.

12.2 Praktische Hinweise

Sie haben sich entschlossen zu heiraten. Herzlichen Glückwunsch! Was ist zu tun? Welche Formalitäten sind zu beachten? Die Anmeldung zur Eheschließung erfolgt grundsätzlich beim Standesamt Ihres jeweiligen Bezirkes, in dem sich Ihr erster Wohnsitz (oder zweiter) befindet, auch wenn Sie letztendlich in einem anderen Standesamt heiraten möchten. Im Juli 1998 ist nach einem Beschluß des

Bundeskabinetts die einwöchige Aushangspflicht für Aufgebote weggefallen. Dennoch werden Ihre Unterlagen weiterhin verwaltungsintern geprüft. Prinzipiell ist mit dieser neuen Gesetzeslage eine Heirat unmittelbar nach Abschluß des Prüfungsverfahrens binnen weniger Stunden möglich. Erste Erfahrungswerte des Standesamtes Tiergarten zeigen, daß schon 90 Minuten nach der Anmeldung die Eheschließung erfolgen kann. Wenden Sie sich bei kurzfristigen Eheschließungswünschen an Ihr zuständiges Standesamt. Eine weitere Veränderung betrifft die Zeugenpflicht, sie wurde ebenfalls abgeschafft. Heute ist es jedem Paar selbst überlassen, ob es einen oder zwei Zeugen dabei haben möchte. Wenn ja, müssen beide volljährig sein und einen gültigen Paß zur Eheschließung mitbringen. Sie werden erst am Tag der Hochzeit genannt und müssen sich mit dem Brautpaar ungefähr eine halbe Stunde vor der Eheschließung im Standesamt oder der gewählten Außenstelle einfinden. Die neuen Rechtsvorschriften teilt Ihnen Ihr Standesamt in aller Ausführlichkeit mit.

Bis zu einem halbem Jahr im voraus kann man bei den Berliner Standesämtern einen Termin festlegen. Bei hochfrequentierten und beliebten Standesämtern ist dies durchaus ratsam, vor allem, wenn Sie in den Topmonaten von Mai bis September heiraten möchten. Sie sollten beide persönlich oder mit entsprechender Vollmacht des anderen (Vordrucke erhält man im Standesamt) beim Standesamt des Bezirkes, in dem Sie gemeldet sind, erscheinen. Die Eheschließung selbst kann dann auch woanders stattfinden, in einem Standesamt Ihrer Wahl. Das ist allerdings mit Mehrkosten verbunden, die Ihnen Ihr Standesamt sicher mitteilt.

Ein wichtiger und von den Heiratswilligen im Vorfeld

schon zu klärender Punkt ist die zukünftige Namenwahl. In Deutschland sind seit Inkrafttreten des Familiennamenrechtsgesetzes im April 1994 folgende Nachnamenkonstellationen möglich:

1. Getrennte Namenführung
Maria Mustermann – Bruno Beispiel
Alles bleibt beim alten. Nach der Geburt eines gemeinsamen Kindes muß definitiv festgelegt werden, ob der Nachname der Mutter oder der des Vaters für das Kind gewählt wird. Weitere Kinder erhalten den Nachnamen des erstgeborenen Kindes. Bei getrennter Namenführung kann seit dem 01.07.98 jederzeit später noch eine Ehenamensänderung abgegeben werden.

2. Gemeinsamer Familienname
Maria Mustermann – Bruno Mustermann
Der Mann kann den Namen seiner zukünftigen Frau nur dann annehmen, wenn deren Nachname nicht schon aus einer früheren Ehe stammt, sondern ihr Geburtsname ist.

3. Gemeinsamer Familienname
Maria Beispiel – Bruno Beispiel
Die Frau kann den Namen ihres zukünftigen Mannes annehmen, wenn dessen Nachname nicht schon aus einer früheren Ehe stammt, sondern sein Geburtsname ist.

4. Doppelnamen, Familiennamen »Mustermann«
Maria Mustermann – Bruno Beispiel-Mustermann
Maria Mustermann – Bruno Mustermann-Beispiel
Der zukünftige Ehepartner, dessen Geburtsname nicht zum gemeinsamen Ehenamen geworden ist, kann seinen Geburtsnamen (aber auch seinen durch vorherige Heirat

angenommenen Nachnamen) dem Ehenamen voranstellen oder anfügen.

5. Doppelnamen, Familiennamen »Beispiel«
Maria Mustermann-Beispiel – Bruno Beispiel
Maria Beispiel-Mustermann – Bruno Beispiel
Der zukünftige Ehepartner, dessen Geburtsname nicht zum gemeinsamen Ehenamen (Familiennamen) geworden ist, kann seinen Geburtsnamen (aber auch seinen durch vorherige Heirat angenommenen Nachnamen) dem Ehenamen voranstellen oder anfügen.
Kinder erhalten in diesen Fällen jeweils nur den zum Ehenamen erklärten Familiennamen.
Ihr Standesbeamter wird Ihnen die verschiedenen Möglichkeiten der Namenwahl erklären und Sie beraten. Kinder aus Doppelnamenehen tragen den Familiennamen, auf den sich die Eltern geeinigt haben.

Zur Zeit fallen folgende Kosten bei einer standessamtlichen Eheschließung an:

- 60,– DM Anmeldung zur Eheschließung (wenn beide deutsche Staatbürger sind)
- 100,– DM Anmeldung zur Eheschließung (bei Auslandsberührung – so nennt sich das!)
- 12,– DM Heiratsurkunde; auch international
- 13,– DM beglaubigte Abschriften oder Anzeigen im Familienbuch
- 20,– DM bis DM 80,– DM Stammbuch, je nach Ausführung;
- XY,– DM für Sonderwünsche wie Eheschließungen außerhalb des Standesamtes, Standesamtwechsel, Sektempfang im Standesamt.

Die folgenden Hinweise sind sehr wichtig und aufmerksam zu lesen. Falls Sie oder Ihr zukünftiger Ehepartner, oder beide, nicht die deutsche Staatsangehörigkeit besitzen, wenden Sie sich bitte frühzeitig an das Standesamt in Ihrer Nähe. Dort wird man Sie individuell beraten. Allein die Beschaffung von Meldebescheinigungen und Abstammungsurkunden ist äußerst zeitaufwendig. Zusätzlich wird ein sogenanntes Ehefähigkeitszeugnis vom zuständigen Konsulat des Heimatlandes oder von der Behörde des Heimatlandes direkt verlangt, aus dem hervorgeht, daß einer Ehe mit Ihnen kein in Ihrem Heimatland bestehendes Eheverbot entgegensteht. Da viele Länder gar keine Ehefähigkeitszeugnisse ausstellen, wird eine individuelle Beratung durch das zuständige Standesamt empfohlen. Bedenken Sie auch, daß wenigstens einer der beiden zukünftigen Ehepartner volljährig, der andere mindestens 16 Jahre alt sein sollte.

Für die standesamtliche Eheschließung in Berlin gelten je nach Ausgangssituation der künftigen Ehepartner verschiedene Bestimmungen, die bereits zur Anmeldung der Eheschließung vorliegen müssen.

Sie sind ledig, waren noch nicht verheiratet und benötigen somit:

- eine Meldebescheinigung von jedem Wohnsitz (auch Zweitwohnsitz), die nicht älter als 14 Tage ist, ausgestellt von Ihrer zuständigen Meldebehörde;
- einen gültigen Personalausweis oder Reisepaß;
- je eine neu ausgestellte Abstammungsurkunde (Geburtsurkunde) von Ihrem Geburtsstandesamt;
- Haben Ihre Eltern in den alten Bundesländern nach dem 01.01.1958 geheiratet, benötigen Sie eine beglaubigte Abschrift aus dem Familienbuch der Eltern

(nicht zu verwechseln mit dem Stammbuch). Diese erhalten Sie beim Standesamt des Wohnortes der Eltern oder beim letzten Wohnort des Vaters bei geschiedener Ehe).

- Haben Ihre Eltern vor dem 01.01.1958 geheiratet, benötigen Sie nur eine Abstammungsurkunde.
- gegebenenfalls Urkunde über Promotion oder akademischen Grad (falls Sie einen entsprechenden Eintrag in Ihr zukünftiges Familienstammbuch wünschen, gilt das auch für die Trauzeugen).

Unter den folgenden Bedingungen brauchen Sie zusätzliche Unterlagen.

Sie haben das Sorgerecht für voreheliche (keine gemeinsamen) Kinder, dann benötigen Sie:
- die Geburtsurkunde des Kindes, bei Kindern aus einer Vorehe auch den Sorgerechtsbescheid.

Sie haben mit Ihrem zukünftigen Ehepartner gemeinsame Kinder, somit benötigen Sie:
- eine Abstammungsurkunde des Kindes,
- eine Vaterschaftsanerkennung,
- gegebenenfalls die Sorgeerklärung.

Sie waren schon einmal oder mehrere Male verheiratet, dann benötigen Sie:
- alle Nachweise über die Auflösung der Ehen (Scheidungsurteil oder Sterbeurkunde),
- eine beglaubigte Abschrift des Familienbuches der letzten Ehe, sofern kein Familienbuch angelegt wurde, die Heiratsurkunde der letzten Ehe, in jedem Fall mit Auflösungsvermerk.

Das Eheverbot der Wartezeit, das eine Wiederverheiratung nach der Scheidung erst nach Ablauf einer Frist von 302 Tagen möglich machte, wurde im neuen Eherecht ersatzlos gestrichen.

Sie sind minderjährig, dann benötigen Sie:
- den Beschluß über die Befreiung von der fehlenden Ehemündigkeit des zuständigen Familiengerichts,
- Bedingung, daß ein künftiger Ehegatte volljährig sein muß.

Sie sind im Ausland geschieden worden, dann benötigen Sie:
- die Heiratsurkunde und das Scheidungsurteil im Original und in amtlicher Übersetzung (eventuell die Anerkennung der ausländischen Scheidung).

Ausländer müssen folgende Unterlagen vorlegen:
- einen Staatsangehörigkeitsnachweis (Reisepaß),
- ein Ehefähigkeitszeugnis, ausgestellt von der zuständigen Heimatbehörde oder der diplomatischen bzw. konsularischen Vertretung.

In jedem Fall sollten Sie sich zunächst einer persönlichen und individuellen Beratung mit Ihrem zuständigen Standesbeamten unterziehen.

Urkunden und andere Unterlagen sind durch einen geprüften und beeideten Übersetzer in die deutsche Sprache zu übertragen. Falls erforderlich, sollte ein Dolmetscher für die Anmeldung zur Eheschließung und die Eheschließung vor Ort sein.

13. Hochzeitsreise

Ob nun eine Trauung im Ausland oder traumhafte Flitterwochen fern von zu Hause, dazu ist in jedem Fall ein Gang ins Reisebüro erforderlich. Das Reiseziel sollte, darüber sind sich die meisten Paare einig, etwas Besonderes, Unvergeßliches und Romantisches sein: kilometerlange Sandstrände, türkisblaues Meer, Sonnenuntergänge wie aus dem Bilderbuch. Alle Reisebüros in Berlin bieten für Heiratswillige Pauschalangebote für Hochzeitsfeiern an. Der Reiseveranstalter Meier's Weltreisen, dem die LTU Touristik-Gruppe angehört, hat ein Sonderheft herausgebracht, die sogenannte »Gold Edition« für weltweite Hochzeits- und Jubiläumsreisen. Traumhafte Möglichkeiten für eine Trauung fern von Berlin können gebucht werden. Aber auch in den Katalogen anderer Reiseveranstalter findet man ein ansehnliches Angebot. Die Hochzeitsziele können sein: die Dominikanische Republik, Jamaika, Kenia, Mauritius, die Malediven, Indonesien, Bali, Thailand, Hawaii und die USA. Aber auch viele Reiseziele in Europa finden Sie in den Programmen der Reiseveranstalter. Wer hat nicht schon mal von einer Hochzeit in Las Vegas oder von einer romantischen Gondelfahrt in Venedig geträumt?

Die Reiseveranstalter bieten sogenannte Hochzeitspakete an, die nur in Verbindung mit einem Hotelaufenthalt gebucht werden können. Darin sind in der Regel enthalten: die Kosten für den Standesbeamten und Geistlichen vor Ort sowie die Anwesenheit von Trauzeugen und einem Fotografen, der das Ereignis mit Videokamera und Fotoapparat festhält. Atmosphäre wird geschaffen durch musikalische Umrahmung, Blumen und Chauffeur mit Limousine. Hochzeitstorte, ein Hochzeitsmenü und am nächsten Morgen ein Frühstück im Bett beinhaltet so manches Paket. Aber auch ein Aufenthalt auf einer Beauty-Farm, ein Hubschrauberrundflug, ein Theaterbesuch stehen bei einigen Reiseveranstaltern auf dem Programm. Doch bedarf dies alles allerdings einer Menge Vorarbeiten. Einfach mal so im Ausland heiraten, ist nicht möglich. So verlangen manche Länder neben der Geburtsurkunde und dem Auszug aus dem Geburtsregister Originale von Scheidungsdokumenten, Sterbeurkunden, Adoptionspapieren und Namensänderungen. Ihr Reisepaß muß bei der Einreise in bestimmte Länder noch mindestens ein halbes Jahr gültig sein. Des weiteren müssen für die Eheschließung in einigen Ländern sämtliche Unterlagen ins Englische übersetzt und notariell beglaubigt werden. Auch ein Ledigkeitsnachweis muß für manche Länder erbracht werden. Alle Unterlagen müssen schon eine erhebliche Zeit vor der eigenen Ankunft im Reiseland vorliegen, damit sie überprüft werden können. Hinzu kommt, daß Sie in manchen Ländern schon ein paar Tage vor der Hochzeitszeremonie im Land sein müssen.

Für genauere Informationen wenden Sie sich bitte rechtzeitig an den Reiseveranstalter, der Ihnen bei den Vorbereitungen behilflich sein wird. Planen Sie Ihre Hochzeit im Ausland auf eigene Faust, so wenden Sie sich rechtzeitig an die entsprechenden Konsulate. Diese werden Ihnen nützliche Auskünfte erteilen. Beantragen Sie Ihren Urlaub bei Ihrem Arbeitgeber frühzeitig, denn wie Sie nun wissen, gibt es einiges zu organisieren. Vergessen Sie nicht, sich beim Tropenamt zu erkundigen, welche Impfung für Ihre Hochzeitsreise notwendig ist. Lassen Sie sich rechtzeitig impfen. Paare, die sich Kinder wünschen, sollten sich mit ihrem Arzt beraten, wie lange eine Impfung zurückliegen muß, um das gewünschte Kind nicht zu gefährden. Überprüfen Sie auch rechtzeitig die Gültigkeit Ihrer Reisepässe. Denken Sie daran, eventuell Kreditkarten zu beantragen, Geld umzutauschen oder Travellerschecks zu besorgen. Eine Reiseversicherung abzuschließen wäre ebenfalls wichtig.

14. Musikalische Umrahmung

Die musikalische Umrahmung Ihrer Hochzeitsfeier ist sehr vom individuellen Geschmack abhängig. Bei der standesamtlichen Trauung stehen Ihnen mittlerweile in der Regel ein CD-Player (Kassettenrecorder) und eine Reihe von CDs (Kassetten) zur Verfügung, um der Zeremonie einen festlichen musikalischen Rahmen zu geben. Besprechen Sie dies mit Ihrem Standesbeamten. In der Kirche stehen Ihnen viele Möglichkeiten offen: Ob klassische Orgelmusik, Solisten, Streichquartett oder Gospelchöre, Sie haben die Qual der Wahl. Sie sollten Ihre Wünsche mit Ihrem Geistlichen und dem Organisten der Gemeinde absprechen, vor allem dann, wenn Sie Ihre eigenen Musiker mitbringen möchten. Beliebte klassische Stücke sind unter anderem das »Ave Maria« (Bach-Gounod), das »Halleluja« (Händel), das »Ave verum« (Mozart) und »Ich liebe dich« (Beethoven). Ins Träumen geraten werden Sie bei dem beliebten Song »I will allways love you« (Whitney Houston). Lassen Sie sich von Ihren engagierten Musikern inspirieren. Legen Sie mit dem Priester den genauen Ablauf der Trauung fest und fragen Sie Ihn, wann Pausen für musikalische Einlagen möglich sind und wie viele Stücke vorgetragen werden können.

Nach der Trauung, vor der Kirche, dem Standesamt oder während eines kleinen Sektempfanges kann es musikalisch weitergehen: Ob nun ein befreundeter Musiker, ein Akkordeonspieler oder ein Straßenmusikant, den Sie Tage zuvor auf der Straße gehört haben, lassen Sie Ihrer Phantasie freien Lauf.

Auf der Hochzeitsfeier, während des Essens, sollte, wenn

überhaupt, nur dezente Hintergrundmusik laufen, oder in den Menüpausen kleine musikalische Einlagen eingebaut werden. Ungarische Zigeunermusik, klassische Streichmusik oder stilvolle Pianobegleitung bieten sich dazu an. Zu späterer Stunde kann es dann lebhafter werden, etwa mit Oldies, Evergreens, Jazz, Rock und Pop. Vielleicht engagieren Sie einen guten Sänger, der Ihren Hochzeitsgästen während des geselligeren Teils des Abends »einheizt«. Ein erfahrener DJ wird dann schon wissen, wie er Ihre tanzlustigen Gäste bei guter Laune halten kann.

Leider ist es an dieser Stelle unmöglich, eine Liste Berliner Musiker zusammenzustellen. Zum einen ist der Musikgeschmack äußerst individuell, zum anderen gibt es in Berlin eine sehr große Menge und Bandbreite an Musikern. Mein Rat: Wenden Sie sich an Agenturen oder versuchen Sie in den Musikhochschulen Ihr Glück und bringen Sie einen entsprechenden Aushang an. Hören Sie sich in Ihrem Freundeskreis nach guten Musikern um, schauen Sie in die Berliner Tageszeitungen, Stadtmagazine, Anzeigenblätter und die Gelben Seiten oder geben Sie vielleicht selbst eine Annonce auf. Besprechen Sie mit Ihrem Musiker, ob er sich um eine Anlage, mit allem, was dazu gehört, kümmert, wieviel Gage er bekommt, und ob bzw. was er zu essen bekommen soll. Aber vor allem, lassen Sie sich vorher zu einem Auftritt einladen oder sich zumindest etwas vorspielen.

Auftakt
Agentur für Musikvermittlung
Büsingstr. 6
12161 Berlin
Tel.: 85 96 28 81

Kunst & Konzert
Damaschkestr. 23
10711 Berlin
Tel.: 323 30 20

Concert Idee
Knaackstr. 5
10405 Berlin
Tel.: 442 80 14

Hochschule der Künste
Fakultät Musik
Staats- und Domchor Berlin
Hardenbergstr. 41
10623 Berlin
Tel.: 3185-2357

Hochschule der Künste
Fakultät Darstellende Kunst
Musical Show
Erich-Weinert-Str. 103
10409 Berlin
Tel.: 421 16 24

Hochschule für Musik »Hanns Eisler«
Charlottenstr. 55
10117 Berlin
Tel.: 203 09-2411

mobydisc Berlin
Mobile Discotheken
Zentrale: mobydisc
Oberstr. 2a
61462 Königstein
Tel.: 0800/836 09 00

calladisco
Dieter Hans&Partner
Sandhauserstr. 41 a
13505 Berlin
Tel.: 436 48 48

Martinas mobile Discothek
M. Rehmer
Berliner Str. 22
13189 Berlin
Tel.: 472 63 64

Berkholz
Entertainment
Mobile Discotheken
Hattinger Weg 22
13507 Berlin
Tel.: 435 35 35

15. Kleinkünstler

Vielleicht möchten Sie Ihre Hochzeitsfeier durch ein paar kleine Showeinlagen auflockern. Überraschen Sie Ihre Gäste mit einem verrückten Kellner, der »aus Versehen« alles falsch macht oder mit einem prominenten Hochzeitsgast, der sich dann als Doppelgänger entpuppt. Wenden Sie sich hierfür an Künstleragenturen oder engagieren Sie einen Künstler, den Sie vielleicht schon auf einer Berliner Off-Bühne erlebt haben.

»Alles Show«
Wilfried Reichert
Sensburger Allee 20
14055 Berlin
Tel.: 305 42 71
Bühnenshow, Partygags,
Musik

Zander & Partner
Hochzeits-Specials
Savignyplatz 6
10623 Berlin
Tel.: 31 86 01 13/4

Tanz & Show
Windscheidstr. 24
10627 Berlin
Tel.: 323 54 00

Circus Busch Varieté
In den Zelten 14
10557 Berlin
Tel.: 394 82 08

*Deutsche Artistenagentur
Roland Weise*
Rodenbergstr. 53
10439 Berlin
Tel.: 445 76 06
Unterhaltungskunst

Deutsche Künstleragentur
Krausenstr. 9–10
10117 Berlin
Tel.: 20 35 84-27

Fieting's Internationale Künstleragentur
Abteilung Doppelgänger
Wilhelmsruher Damm 103
13439 Berlin
Tel.: 416 60 60

H. M.M-Veranstaltungsagentur
Poststr. 2
10178 Berlin
Tel.: 241 43 78
(Akrobaten, Animateure, Artisten, Bauchtanz, Comedy, Chaotenkellner, Clowns, Doppelgänger, Dudelsackspieler,

Fakire, Gospelsänger, Gaukler, Harfenisten, Kabarettisten, Lomboshow, Minnesänger, Zauberer)

Jobo's Zaubershow
Wegscheider Str. 1
13587 Berlin
Tel.: 335 51 61

Zauberkönig
Hermannstr. 84–90
12051 Berlin
Tel.: 621 40 82

16. Hochzeitsbilder

16.1 Fotografen

Wählen Sie nach Möglichkeit einen Fotografen, der Sie und Ihren Stil bereits kennt. Gelegentlich werden Bilder, die Freunde oder Verwandte machen schöner als jedes professionelle Hochzeitsbild. Wer es dennoch offiziell mag, sollte dem Fotografen vorher genau mitteilen, welche Art von Bildern bevorzugt werden: Schwarzweiß oder Farbe, gestellte Bilder oder Schnappschüsse, mehr Gruppenbilder oder Einzelportraits, eher Bilder von der Trauung oder dem anschließenden Fest. Vereinbaren Sie mit ihm, daß er alle Gäste fotografiert und Eltern, Trauzeugen, Verwandte und die besten Freunde in jedem Fall öfter vor die Linse holt. Denken Sie unbedingt an ein Gruppenbild mit Ihren Eltern.

Schauen Sie sich vielleicht auch die Mappe des Fotografen an, um seinen Stil einschätzen zu können. Achten Sie darauf, daß das Fotografieren nicht stört, z. B. während der Trauung. Vielleicht engagieren Sie gleich zwei Fotografen, so bekommen Sie zwei verschiedene Sichtweisen. Überlegen Sie auch, ob Sie nicht auch ein schönes Video über Ihre Hochzeit haben möchten.

Die Hoffotografen
Monbijouplatz 12
10178 Berlin
Tel.: 283 05 68-0

Fotostudio Horst Urbschat & Töchter
Kurfürstendamm 173
10707 Berlin
Tel.: 882 71 06

Foto Kirsch
Wexstr. 28
10715 Berlin
853 52 52

Photo Huber EC
Europa-Center
10789 Berlin
Tel.: 262 46 66

Foto Kirsch
Wilhelmsaue 25
10715 Berlin
Tel.: 861 72 24

Foto-Hasse
Lietzenburger Str. 61
10719 Berlin
Tel.: 883 30 38

16.2 Videofilmer

Hochzeitsvideo
clic!tv.
Friedrichstr. 121
10117 Berlin
Tel.: 28 49 97 70

GVS
Gräbnitz-Video-Service
Ordensmeisterstr. 4
12099 Berlin
Tel.: 75 70 58 55

17. Blumendekoration

Blumen gehören zu jedem Hochzeitsfest. Was wäre eine Braut ohne Brautstrauß? Traditionell sucht der Bräutigam den Strauß für die Braut aus. Da er vielleicht nicht weiß, welche Farbe und welche Blumensorten am besten zum Brautkleid passen (er darf ja eigentlich das Kleid vor der Hochzeit nicht sehen), sollte er sich dennoch mit ihr darüber verständigen. Kleine Andeutungen seitens der Braut reichen vollkommen aus. Geschickterweise läßt er sich auch einen kleinen Anstecker für das Knopfloch binden.

Doch damit nicht genug, denn Blumen sollten während des ganzen Hochzeitstages für ein schönes Ambiente sorgen. Angefangen mit dem Hausschmuck. Treffen sich Ihre Hochzeitsgäste in Ihrer Wohnung, sollte diese hübsch mit Blumen geschmückt sein. Das Auto oder die Kutsche wird erst mit entsprechender Dekoration zum Hochzeitsfahrzeug. Ob Sie sich nun in der Kirche oder im Standesamt trauen lassen, vergessen Sie nicht, auch hier ist der Blumenschmuck von großer Bedeutung für eine festliche Atmosphäre. Verzieren Sie die Anfänge der Bankreihen mit kleinen Sträußchen und stellen Sie ein oder zwei Gestecke oder Sträuße vor den Altar, geben Sie Ihren Brautjungfern ein paar Blümchen in die Hand und dem Blumenmädchen ein Körbchen mit Streublumen. Der Kirch- bzw. Standesamtschmuck kann später vom Zeremonienmeister zur Hochzeitslocation gebracht werden für den Geschenketisch, das Buffet oder den Sektempfang. Achten Sie darauf, daß die Blumen farblich zur Einrichtung der Räumlichkeiten passen und der Jahreszeit entsprechen. Das wirkt natürlicher und selbstverständlicher. Die

Tischdekoration von »Blumentick«

Tischdekoration sollte nicht zu überladen sein, damit der Blickkontakt mit dem Gegenüber noch möglich ist und die Bewegungsfreiheit nicht eingeschränkt wird. Ihr Florist wird Ihnen ein paar Vorschläge unterbreiten, die zum Stil Ihrer Hochzeit passen. Vielleicht bringen Sie auch eigene Ideen ein, die er für Sie umsetzt. Denken Sie in diesem Zusammenhang an die Beleuchtung. Kerzenlicht schafft stets eine stimmungsvolle Atmosphäre, oder achten Sie darauf, ob man das Licht dimmen kann. Ideen für hübsche Dekorationen finden Sie in entsprechenden Dekorationsbüchern im Fachhandel. Lassen Sie sich inspirieren!

Die meisten Hotels und einige Restaurants verfügen über hauseigene Kontakte zu Floristen, die für Sie die Blumenausstattung übernehmen. Vergewissern Sie sich, ob diese Ihrem Geschmack entsprechen.

Blumen Damerius
Potsdamer Platz Arkaden
Alte Potsdamer Str. 7
10785 Berlin
Tel.: 25 29 63 95

Blumen Koch
Westfälische Str. 38
10711 Berlin
Tel.: 89 66 90-0

Akzente
Joachim-Friedrich-Str. 31
10711 Berlin
Tel.: 892 15 50

Campo dei Fiori
Moderne und kreative Floristik
Quartier 205
Friedrichstr. 67
10117 Berlin
Tel.: 20 94 57 77

Blumentischlerei
Oldenburger Str. 33
10551 Berlin
Tel.: 39 03 54 44

31
Blumen
Bleibtreustr. 31
10707 Berlin
Tel.: 88 47 46 04

Quartier 206
Flower's Department
Friedrichstr. 71
10117 Berlin
Tel.: 20 94 68 22

petit fleur
Karin Bolz
Knesebeckstr. 88
10623 Berlin
Tel.: 312 93 77

KdB Blumen und Galerie
M. Bons
Tucholskystr. 31
10117 Berlin
Tel.: 285 95 98

Blumentick
G. Keese
Goltzstr. 7
10781 Berlin
Tel.: 216 60 64

b und p floristik
Eisenacher Str. 79
10823 Berlin
Tel.: 787 53 16

Blumen-Concept »Zooi«
Susanne Wölk
Nostitzstr. 22
10961 Berlin
Tel.: 694 92 95

Jahreszeiten
Husemannstr. 25
10435 Berlin
Tel.: 442 44 76

the blümchen
Uhlandstr. 159
10719 Berlin
Tel.: 883 93 35

18. Hochzeitsfahrzeuge

Hier bietet sich ein breites Spektrum an Möglichkeiten, von klassisch bis total verrückt. Überlegen Sie sich, welches Gefährt zum Rahmen Ihres Hochzeitsfestes passen würde und bestellen Sie es rechtzeitig. Vielleicht wünschen Sie auch Blumenschmuck. Dieser sollte wiederum zu den anderen Blumenarrangements passen. Achten Sie darauf, daß die Gäste das Hochzeitsfahrzeug nicht schon vorher zu Gesicht bekommen. Schließlich soll es eine Überraschung sein!

Fahrzeugschmuck

18.1 Oldtimer

American Classic Cars
Hermannstr. 47
12049 Berlin
Tel.: 622 55 07

Cadillacs and Dreams
Sakrower Kirchweg 27 a
14089 Berlin
Tel.: 365 98 75

Classic Cars
Gerald Lentz
Hermannstr. 47
12049 Berlin
Tel.: 622 22 22

B. Kronshage
Südstern 8
10961 Berlin
Tel.: 694 91 64
Englische weiße Lang-
limousine, Daimler Vanden
Plas und London Taxis

Limousinenservice Uwe Kurth
Olllenhauerstr. 69
13403 Berlin
Tel.: 49 89 33 16
Rolls-Royce, Cabrio, Mercedes

Nobelkarosse
Cadillacvermietung mit
Chauffeur
Schluchseestr. 65
13469 Berlin
Tel.: 402 21 08

Schiebel
Mercedes-Benz Oldtimer
mit Fahrer
Borkumer Str. 13
14199 Berlin
Tel.: 823 66 99

Oldtimer Taxi Berlin
Pestalozzistr. 13
14612 Falkensee
Tel.: 833 88 67
(Büro Berlin)
Weißer Rolls-Royce

18.2 Hochzeitskutschen

H. Grundschöttel
Traumhafte Hochzeits-
kutschen
Hennigsdorfer Str. 125–135
13503 Berlin
Tel.: 431 01 11

Fuhrbetrieb Hans Beeskow
Alt-Müggelheim 18

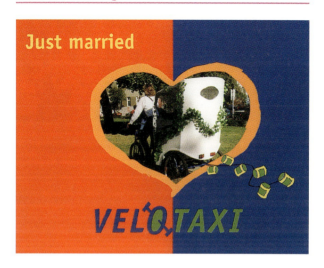

12559 Berlin
Tel.: 659 86 53

W. Peter
Weiße Hochzeitskutschen
(offen und geschlossen)
Buckower Chaussee 80
12277 Berlin
Tel.: 721 58 62

Reitstall »Stader Hof«
Stader Str. 15
12683 Berlin
Tel.: 514 26 47

18.3 Außergewöhnliche Fahrzeuge

Velotaxi GmbH Berlin
Saarbrückerstr. 20–21
10405 Berlin
Tel.: 443 58 99-0
Zwei weiße Hochzeitsvelos

Fahrradstation –
Der Rikscha Service
Rosenthaler Str. 40/41
10178 Berlin
Tel.: 28 38 48 48

Husky-Showgespann

Husky-Showgespann
Schlittenhundgespann
Rosenthalerstr. 40
01900 Bretnig-Hauswalde
Tel.: 035952/586 28

Festzentrum Trabrennbahn
Mariendorf
In der Hochzeitskutsche über
die Trabrennbahn
Mariendorfer Damm 222
12107 Berlin
Tel.: 740 12 41

19. Von Kopf bis Fuß

19.1 Berliner Designer für Sie

Die in Berlin ansässigen und hier aufgelisteten Modedesigner versuchen, sich mit ihren Kreationen bewußt vom üblichen Standard abzusetzen. Die Erweiterung der Kollektionen durch Brautmoden ist relativ neu, steckt also noch in den Kinderschuhen. Dennoch kann man mittlerweile in einigen Berliner Designerläden auch Brautkleider von der Stange begutachten. Das Gros der Ateliers entwirft aber erst gemeinsam mit der zukünftigen Braut das passende Hochzeitskleid. So ist es ratsam, nicht gleich den Laden zu verlassen, nur weil auf den ersten Blick kein passendes Hochzeitsoutfit zu sehen ist. Durch ein persönliches Gespräch läßt sich schnell herausfinden, ob es möglich ist, etwas Passendes zusammen mit dem Designer zu entwickeln. Wichtig ist dennoch, daß man die Stilrichtung der im Laden hängenden Mode mag, denn auch das Hochzeitskleid wird die Handschrift des Designers tragen, auch wenn Beratung und typgerechte Betreuung im Vordergrund stehen. So kann es dann schon mal passieren, daß ein Kunde oder eine Kundin, deren Geschmack mit der Firmenphilosophie nicht vereinbar ist, nach Hause geschickt wird. Das Vertrauensverhältnis zwischen Modemacher und Kunde muß stimmen, damit der »schönste Tag im Leben« kein großer Reinfall wird. Der Unterschied zur Konfektionsware besteht darin, daß hier individuell auf den Kunden eingegangen wird, um eventuelle Problemzonen geschickt zu kaschieren. Ein solches Kleid hat auch noch nach der Hochzeit Bestand, kann auch zu anderen Anlässen getragen werden. Beschreiben Sie dem Designer auch den Rahmen Ihres Festes, wo Sie feiern werden und welche Stilrichtung Sie bevorzugen. Ein kleiner Tip: Die Braut sollte darauf achten, daß sie bei der Anprobe nicht etwas fülliger als sonst ist, z. B. aufgrund ihrer Periode.

Der Bräutigam sollte auf jeden Fall das Kleid erst am Hochzeitstag zu Gesicht bekommen.

Friederike Fiebelkorn
Bleibtreustr. 4
10623 Berlin
Tel.: 312 33 73

Friederike Fiebelkorn hat mittlerweile schon für sehr viele Bräute Sonderanfertigungen entworfen. Sie geht auf ihre Kundinnen ein und versucht gemeinsam mit ihnen in ausgiebiger Beratung die beste Lösung für ein Brautkleid zu finden. Sie konzentriert sich auf moderne Formen mit romantischen Details. Das heißt: weder reinweiß, rüschig, plüschig noch durch Reifröcke aufgebauschte Kleider. Ihre Devise: »Schöne Kleider für einen schönen Anlaß. Nicht anstrengend oder ernst.« In Zukunft wird die Kundin eine kleine Auswahl an fertigen Hochzeitskleidern im Laden vorfinden.

Chiton
Goltzstr. 12
10781 Berlin
Tel.: 216 60 13

Das seit drei Jahren auf der Goltzstraße ansässige Designerehepaar zaubert für die Braut pro Saison zwei bis drei Modelle, die als Inspiration im Laden hängen und begutachtet werden können. Denn eigentlich wird erst

Brautkleid von Chiton

mit der Kundin das Brautkleid entworfen. Für die Maßanfertigungen werden die besten Stoffe wie Jacquard, Spitze und Seide aus Italien, England und Frankreich eingekauft und in schlichten Linien aus den 30er und teilweise 60er Jahren dem Typ der Frau angepaßt. Die Farbpalette geht gezielt weg vom reinen, aber kalten Weiß in Richtung harmonischer gelb-goldener Farben, Elfenbein und Sand.

Quasi Moda Collection
Hackesche Höfe, Hof 4
Rosenthaler Str. 40/41
10178 Berlin
Tel.: 283 34 47

Quasi Moda hat schon einige Bräute angezogen. Die vier Frauen sehen ihre Brautmode als eine Alternative zur typischen Stangenware. Den Stil ihrer Kreationen bezeichnen sie als raffiniert schlicht. Die Hochzeitsmodelle, von denen, neben der regulären Kollektion, eine kleine Auswahl im Laden hängt, werden meist in Cremeweiß angefertigt und lassen sich, da sie oft mehrteilig sind, beliebig kombinieren. Bei der Auswahl des Stoffes und der Anfertigung des Kleides werden durchaus Wünsche und Vorstellungen der Kundin berücksichtigt.

Andrea Schelling – Gewänder
Pestalozzistr. 12
10625 Berlin
Tel.: 313 21 39

Betritt man den Laden von Andrea Schilling, fühlt man sich in eine andere Welt versetzt, eine Welt der schönen Sinne und feinen Töne. Ihre Hochzeitskreationen reichen von langen Organza-Kleidern mit kleinen Wollschneeflöckchen bis hin zu puristisch-raffiniert anmutenden Mo-

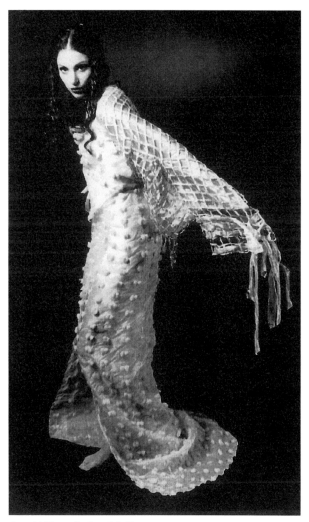

Brautkleid von Andrea Schelling

dellen. Die Designerin setzt auf edle Stoffe, die sie in Sonderanfertigungen und nach intensiver Beratung mit ihrer Kundin in ein Gesamtkunstwerk umsetzt.

Ultramarin
Danziger Str. 52
10435 Berlin
Tel.: 441 87 94

Ilona Lemnitzer, deren Passion seit ihrem 15. Lebensjahr der Umgang und die Verarbeitung von Stoffen ist, hat eine eigene Hochzeitskollektion entworfen, die in ihrem Laden anzuschauen ist. Verspielt, verträumt, romantisch mit der Liebe einer Künstlerin, die ihr ganzes Gefühl in ihr Endprodukt steckt, so beurteilt sie eine Kollegin. Ein Brautkleid sollte ihrer Meinung nach weiß sein, obgleich sie, wenn die Kundin es wünscht, auch andere Farben verarbeitet. Zudem kommt es ihr in erster Linie auf die Stoffe an. Die »Stoff-Fetischistin« liebt es, wenn das Material angenehm auf der Haut zu spüren ist, sich ein Wohl-, oder gar ein Erotikgefühl bei der Trägerin einstellt. Bei soviel Gefühl muß einfach das Passende für Ihre Hochzeit zu finden sein.

Herz + Stöhr Modedesign
Winterfeldtstr. 52
10781 Berlin
Tel.: 216 44 25
www.brains-world.de

In der eigenen Kollektion von Herz + Stöhr sind auch eine Handvoll Hochzeitsmodelle zu finden. Vor allem im Frühjahr und Sommer hängen Brautkleider in verschiedenen Größen zum Anprobieren im Laden. Dem Designerteam ist es wichtig, daß die zukünftige Braut den Stil des Hauses mag und sich aus dem bereits vorhandenen Repertoire etwas Hübsches aussucht. Für den Hochzeitstag gibt es Kleider aus Satin und Seidenorganza, perlenbestickte Chiffons und trapierte Schals. Die Farben bewegen sich im Bereich gebrochenes Weiß, Champagner und der Goldfarben.

J. Mode und Design

Designatelier Jordan
Hackesche Höfe VIII
Rosenthaler Str. 40/41
10178 Berlin
Tel.: 281 50 43

Die Kleidung, die die sympathische Designerin entwickelt, soll der Trägerin oder dem Träger eine Art »Zuhause« vermitteln. Jeder sollte demnach nur das tragen, worin er sich wohl fühlt. Erst das macht Mode legal und beständig. Gemäß dieser Philosophie wird Frau Jordan gemeinsam mit Ihnen eine Hochzeitskleidung entwerfen, an der Sie auch nach dem großen Tag noch viel Freude haben werden: »kompromißlos klar, ohne unnötiges Dekor, mit hochwertigem Innenleben und edlen Materialien«, so das die Person zum Vorschein kommt und nicht der Schein, eben »das Wesentliche, ohne dabei simpel zu werden«. Mann und Frau werden hier bestens bedient.

Anna von Griesheim

Pariser Str. 44
10707 Berlin
Tel.: 885 44 06

Anna von Griesheim denkt bei ihren Entwürfen für die zukünftige Braut an die moderne Frau von heute, die längst mit allem, was mit Rüschen zu tun hat, abgeschlossen hat. Sie setzt auf mondäne, weibliche und manchmal auch sexy Outfits von bester Qualität. Seide und Spitzen läßt sie aus Frankreich kommen. »Ein bißchen Couture-ig«, so sieht sie ihre Arbeit. Der zunehmende Hochzeitsboom und die Nachfrage nach Brautkleidern jenseits üblicher Stangenware haben sie motiviert, den Brautbereich weiter auszubauen. In Zukunft kann die Braut auch die passenden Seidenschuhe zum Kleid und ausgefallene Kopfbedeckungen bei ihr bestellen.

Tagebau
Rosenthaler Str. 19
10119 Berlin
Tel.: 28 39 08 90
Die von der Kostümbildnerin Gizella Koppany entworfenen Brautkleider aus Papier fallen vollkommen aus dem üblichen Rahmen. Brautmode, so die Meinung der Designerin, kann schon etwas Besonderes sein. Ihre ausgefallenen, von theatralisch bis raffiniert einfachen Modelle sind Unikate, dem Anlaß entsprechend. Ein Blick in die Mappe ihrer bisherigen Arbeiten zeigt ihren Facettenreichtum. Durch ein persönliches Gespräch kann mit Sicherheit etwas ganz ausgefallen Schönes entstehen.

Nanna Kuckuck
Bleibtreustr. 4
10623 Berlin
Tel: 312 33 73
Nanna Kuckucks Design wirkt erfrischend feminin. Sie möchte nur der Kundin etwas verkaufen, die bereits ein Fan ihrer im Laden zu begutachtenden Kollektion ist und nicht erst nach langer Überzeugungsarbeit ein Gefühl für ihre Mode entwickelt. »Nur wenn die Kundin die Sachen

so richtig Klasse findet«, mag Frau Kuckuck ihre kreativen Kräfte einsetzen. Das hat den Vorteil, daß die Kundin weiß, was sie will, und keinesfalls enttäuscht wird. Ob Plissé, Transparenz, durchbrochene Stoffe oder Asymmetrie, auf alle Fälle etwas Außergewöhnliches à la Kuckuck.

Seti
Bleibtreustr. 4
10623 Berlin
Tel.: 0172/891 45 46
Das Atelier für Mode, Kostüme und Accessoires wird von der Kostümbildnerin Setareh Makinejad geleitet. Die Designerin hat auf einer Modeschule in Paris ihr Handwerk gelernt und einen Hang zu prächtigen und historischen Kreationen. Dennoch stellt sie sich auf die Vorstellungen der zukünftigen Braut ein, die nach Voranmeldung, z. B. mit Fotos, ihre Wünsche äußern kann. Die Maßanfertigungen aus hochwertigen Materialien können dann von extrem schrill bis schlicht elegant ausfallen.

Kostümhaus
Die Hackeschen Höfe, Hof 4
Rosenthaler Str. 40/41
10178 Berlin
Tel.: 282 70 18
Ein bemerkenswerter Laden mit außergewöhnlichen Kollektionen. Die beiden Inhaberinnen setzten sich bewußt von kurzlebigen Modetrends ab und entwickelten eine eigenwillige Linie, die sich durch Funktionalität, Stilsicherheit und angenehme Farblosigkeit abhebt. Brautmoden sind hier auf den ersten Blick nicht zu finden. Dennoch kann nach intensiver Beratung und Besprechung nach frühestens drei Wochen ein Hochzeitskleid für Sie entstehen.

Nix-Design-Berlin
Heckmann-Höfe
Oranienburgerstr. 32
10117 Berlin
Tel.: 281 80 44
Nix sucht nach neuen modischen Ausdrucksformen und
individuellen Extras für den mobilen, urbanen Menschen.
Zeitlose Mode, die den Zahn der Zeit erfaßt und konse-
quent umsetzt. Braut und Bräutigam finden vielleicht erst
auf den zweiten Blick Möglichkeiten, sich einzukleiden.
Vorrätig ist hochzeitsmäßig nix, aber durch Gespräche
mit den Designern läßt sich bestimmt ein abgefahrenes
Outfit entwickeln.

Claudia Skoda
Kurfürstendamm 50
10707 Berlin
auch in Mitte (Après Skoda)
Tel.: 885 10 09
Vielleicht etwas ungewöhnlich, aber dennoch denkbar ist
eine Hochzeit in einem weißen oder andersfarbigen Strick-
kleid. Man wird sich bemühen, auf Ihre Wünsche einzu-
gehen. Die exklusiven Strickmodelle der Claudia Skoda
fallen durch ihr innovatives Design gänzlich aus dem Rahmen und verleihen der zukünftigen Braut einen ganz besonderen Touch.

Vicente
Karl-Liebknecht-Str. 11
10178 Berlin
Tel.: 247 64 53
Die Mode von Cecilio Vincente aus Moçambique kann als
klassisch elegant bezeichnet werden. Es hängt keine spe-

zielle Hochzeitsmode im Laden, dennoch läßt sich aus
den vorhandenen Abendkreationen ein Brautkleid zusammenstellen, das in seiner raffinierten Schlichtheit auch
noch zu einen anderen Anlaß getragen werden kann.

Lisa D.
Hackesche Höfe, Hof 4
Rosenthaler Str. 40/41
10178 Berlin
Tel.: 282 90 61
Das Frauen-Power-Team um Lisa D. entwirft Mode für
junge Frauen, die es gerne lässig mögen, aber ihre Weib-
lichkeit nicht verstecken möchten. Man findet in dem kleinen Laden allerdings keine spezielle Mode für die Hochzeit. Es kann jedoch sein, daß zufällig in der aktuellen
Kollektion ein Teil dabei ist, das durchaus dem festlichen
Anlaß gerecht werden kann. Reinschauen, heißt die Devise.

19.2 Brautmodeboutiquen

So manche Braut hätte nie geglaubt, sich eines Tages in
einem dieser Läden wiederzufinden, die den Traum in
Weiß verkaufen. Plötzlich ist sie da – die romantische Ader,
die Sehnsucht nach Kitsch, nach Rüschen und Spitzen.
Liebevolle Worte wie »Baiser« und »mein Sahnehäubchen«
zeugen von diesem Traum. Einmal im Leben verzaubert
werden, Prinzessin sein. Für den Herrn gibt es in manchen Geschäften das passende Outfit dazu.

Brautmoden Petsch
Kleiststr. 42
10787 Berlin
Tel.: 216 39 38
Braut- und Bräutigammode

Romantische Brautträume
Eichborndamm 290
13437 Berlin
Tel.: 414 92 11
Nur Brautmode

Die Abend- und Brautmoden-
etage
Verkauf & Verleih
Martin-Luther-Str. 46
10779 Berlin
Tel.: 211 53 66
Braut- und Bräutigammode

Lilly Brautkleider
Kurfürstendamm 91
10711 Berlin
Tel.: 323 36 00
Nur Brautmode

Brautparadies
Danziger Str. 12
10435 Berlin
Tel.: 442 69 59
Braut- und Bräutigammode

Balayi Magazasi
4x in Berlin
Potsdamer Str. 117/119
10785 Berlin
Tel.: 262 38 39
Braut- und Bräutigammode

Araxie
Klingsorstr. 112
12203 Berlin
Tel.: 834 37 81
Braut- und Bräutigammode

Queen
Braut- und Festmoden
Sonnenallee 104–106
12045 Berlin
Tel.: 686 78 80
Braut- und Bräutigammode

Happy Day
Hochzeitsausstattungen
Müllerstr. 116
13353 Berlin
Tel.: 451 45 69
Nur Brautmode

Lydia Moden
Braut- und Abendkleidung
Prinzenallee 7
13357 Berlin
Tel.: 493 79 01
Nur Brautmode

Madame G.
Schönhauser Allee 131
10437 Berlin
Tel.: 448 11 95
Nur Brautmode

Braut- und Festkleider
Laubestr. 14
12045 Berlin
Tel.: 686 47 89
Nur Brautmode

Les Mariées
Rheinstr. 60
12159 Berlin
Tel.: 85 96 22 88

Gül Boutique
Beusselstr. 19/20
10553 Berlin
Tel.:395 62 69
Braut- und Bräutigammode

Berliner Brautsalon
Stargarder Str. 3a
10437 Berlin
Tel.: 444 72 90
Braut- und Bräutigammode

Zu finden auch in den Kaufhäusern KaDeWe, Wertheim und Karstadt.

19.3 Berliner Designer für Ihn

In Sachen Mode für den Bräutigam gilt das gleiche wie für die Braut, alles ist möglich, Hauptsache Mann fühlt sich wohl. Lassen Sie sich in den Berliner Designerläden oder Herrenausstatterdomänen inspirieren. Individualität ist gefragt, und schön sieht es aus, wenn Braut und Bräutigam stilistisch einigermaßen zueinander passen. Dem Herrn bietet sich ein breites Angebot an Bekleidungsmöglichkeiten, ob Sie nun den klassischen schwarzen Anzug, einen Smoking, Frack, Spencer, Cut, Dinner-Jacket oder gar einen Astronautenanzug wählen. Es geht darum, eine gute Figur zu machen, und sich gut zu fühlen. Auch in Sachen Accessoires sollten Sie sich auf die Qual der Wahl einlassen und aussuchen, was gefällt.

Respectmen

Neue Schönhauser Str. 14
10178 Berlin
Tel.: 283 50 10

Unter den Männern, die bei Respectmen einkaufen, sind immer mehr potentielle Ehemänner, die sich für den Gang zum Traualtar einkleiden wollen. Das Designer-Team, bestehend aus Dirk Seidel und Karin und Alfred Wartburg, verbreitet gute Laune und setzt auf Originalität und Individualität. Neben dem klassischen schwarzen Anzug findet der Bräutigam auch Gewagtes.

Atelier für Maßkonfektion

Uhlandstr. 116
10717 Berlin
Tel.: 862 38 90

Maßschneider für klassische Standards, Smokings und Fräcke in hochwertiger Qualität.

Udo Neumann

Anfertigung
Jägerstr. 63
10117 Berlin

Der Laden des Designers Udo Neumann liegt sehr zentral in der Nähe der Friedrichstraße. Der Herr findet hier junge, modische Klassik mit Anspruch auf längere Gültigkeit. Es werden ausschließlich hochwertige Materialien verarbeitet. Im Atelier hängen verschiedene Anzugsmodelle zur Auswahl, die binnen 24 Stunden in Ihrer Größe geliefert werden können. Maßanfertigungen wie Smoking und ganz spezielle Festtagsbekleidung können in 6–8 Wochen fertiggestellt werden. Auf Wunsch werden Krawatten, Hemden und andere Accessoires entworfen.

Vicente
Karl-Liebknecht-Str. 11
10178 Berlin
Tel.: 247 64 53
Siehe »Berliner Designer für Sie«. Der Mann findet hier
klassisch geschnittene Anzüge.

Nix-Design-Berlin
Auguststr. 86
10117 Berlin
Tel.: 281 80 44
Ausgefallene Mode für Ihn.
Siehe Kapitel »Berliner Designer für Sie«.

Chiton
Goltzstr. 12
10781 Berlin
Tel.: 216 60 13
Die bereits vorhandene Männerlinie wird in Zukunft um
zwei »Klassiker« für festliche Anlässe erweitert werden.
Siehe Kapitel »Berliner Designer für Sie«.

J. Mode und Design
Designatelier Jordan
Hackesche Höfe VIII
Rosenthaler Str. 40/41
10178 Berlin
Tel.: 281 50 43
Männer können sich hier Passendes schneidern lassen.
Siehe Kapitel »Berliner Designer für Sie«.

19.4 Berliner Herren-
ausstatter

SOR Rusche GmbH &
Co. KG
Klassischer englischer Herren-
ausstatter
Bleibtreustr. 33
10707 Berlin
Tel.: 882 48 07

Erdmann
Europa-Center
Tauentzienstr. 9
10789 Berlin
Tel.: 26 49 71-0

Wall Street Men's Fashion
Uhlandstr. 175
10719 Berlin
Tel.: 881 16 83

mientus
Exklusive Herrenmode
Kurfürstendamm 52
10707 Berlin
Tel.: 323 90 77

Harveys
Kurfürstendamm 186
10707 Berlin
Tel.: 883 38 03

Heinemann
Exklusiver Herrenausstatter
Kurfürstendamm 35
10719 Berlin
Tel.: 881 42 23

Selbach
Exclusive Herrenmode
Kurfürstendamm 195
10707 Berlin
Tel.: 883 25 26

Ermenegildo Zegna
Bleibtreustr. 24
10707 Berlin
Tel.: 882 37 86

Patrik Hellmann
Herrenausstatter
Kurfürstendamm 53
10707 Berlin
Tel.: 882 25 65

Falke
Men's Wear
Quartier 206
Friedrichstr. 71
10117 Berlin
Tel.: 20 94 61 10

Burberrys
Kurfürstendamm 183
10707 Berlin
Tel.: 885 48 11

Hochzeitsanzug – gesehen bei Erdmann

Monsieur Albert   10719 Berlin
Männermode   Tel.: 88 67 78 42
Knesebeckstr. 35
10623 Berlin   *Mentner*
Tel.: 883 52 79   Uhlandpassage
                        Uhlandstr. 170
Uli Knecht   10719 Berlin
Kurfürstendamm 30   Tel.: 88 55 01 29

19.5 Internationale Designerläden
für Sie und Ihn

Jeder Modedesigner entwirft für seine aktuelle Modekol-
lektion auch ein Brautkleid. Natürlich ist der Kauf eines
solchen Modells für die meisten Bräute unerschwinglich.
Das muß ja auch nicht sein, auf die Inspiration kommt es
an. In Hochzeitszeitschriften werden die neuesten Modelle
von den internationalen Modeschauen vorgestellt, so können Sie sich über den neusten Trend informieren.
Schauen Sie aber einfach mal bei den namhaften Designerläden vorbei und begutachten deren aktuelle Kollektion. Vielleicht ist das eine oder andere Modell dabei, das
sich als Hochzeitskleid bewähren könnte. Der Vorteil besteht darin, daß Sie wissen, worauf Sie sich einlassen und
nicht mehrere Male zum Maßnehmen vorbeischauen müssen, um dann doch eventuell enttäuscht zu sein.
Dennoch, wer in den Läden bekannter Modedesigner ein-
kauft, muß meist sehr tief in die Tasche greifen und kann
individuelle figürliche Eigenheiten nicht so gut kaschieren.
Mann und Frau müssen Glück haben, das Passende und
den richtigen Berater zu finden, der darauf achtet, daß alles wirklich gut sitzt und zusammenpaßt.

René Lezard
Kurfürstendamm 48–49
10707 Berlin
Tel.: 8 85 46 01

Jil Sander
Kurfürstendamm 185
10707 Berlin
Tel.: 8 86 70 20

Windsor
Bleibtreustr. 33
10707 Berlin
Tel.: 88 55 23 33

Donna Karan New York
Quartier 206
Friedrichstr. 71
10117 Berlin
Tel.: 20 94 60 10

Gucci
Quartier 206
Friedrichstr. 71
10117 Berlin
Tel.: 201 70 20

Joop!
Schloßstr. 27
12163 Berlin
Tel.: 79 70 12 03

Prada
Kurfürstendamm 188/189
10707 Berlin
Tel.: 88 67 89 60

Max Mara
Kurfürstendamm 178
10707 Berlin
Tel.: 885 25 45

Kenzo
Giesebrechtstr. 10
10629 Berlin
Tel.: 882 54 55

Versace Boutique
Kurfürstendamm 185
10707 Berlin
Tel.: 88 57 46-0

Yves Saint Laurent rive gauche
Kurfürstendamm 52
10707 Berlin
Tel.: 883 39 18

Läden, die Mode von verschiedenen nationalen und internationalen Designern führen:

Quartier 206
Departmentstore
Friedrichstr. 71
10117 Berlin
Tel.: 20 94 68 00
Mann und Frau

Molotow
Gneisenaustr. 112
10961 Berlin
Tel.: 693 08 18
Mann und Frau

Tools & Gallery
Rosenthaler Str. 34/35
10178 Berlin
Tel.: 28 59 93 43
Mann und Frau

Bleibgrün
Bleibtreustr. 29
10707 Berlin
Tel.: 882 16 89
Frau

Public Image
Pariser Str. 46
10719 Berlin
Tel.: 886 07 10
Hier liegt ein Katalog aus, der
die faszinierende Avantgard-
Mode der in Hamburg ansäs-
sigen Designerin Sibilla Pa-

venstedt zeigt. Die einzelnen,
exklusiven Modelle können
für Ihre Hochzeit über Public
Image bestellt werden

Giorgia Boutique
Bleibtreustr. 32
10707 Berlin
Tel.: 88 55 05 15
Frau

Modehaus Horn
Kurfürstendamm 213
10719 Berlin
Tel.: 881 40 55
Frau

Ralf Setzer
Niebuhrstr. 2
10629 Berlin
Tel.: 883 83 32
Mann und Frau

Oggi
Bleibtreustr. 27
10707 Berlin
Tel.: 883 96 39
Frau

Jessica
Grunewaldstr. 49
10825 Berlin
Tel.: 213 20 14
Frau

Kramberg
Kurfürstendamm 56–57
10707 Berlin
Tel.: 327 90 10
Mann und Frau

Veronica Pohle
Schlüterstr. 46
10707 Berlin
Tel.: 883 37 31
Frau

Peek & Cloppenburg
Tauentzienstr. 19
10789 Berlin

Tel.: 212 90-0
Mann und Frau

Anson's Herrenhaus
Schloßstr. 123
12163 Berlin
Tel.: 790 96-0
Mann

Ka DeWe
Tauentzienstr. 21–24
10772 Berlin
Tel.: 21 21-0
Mann und Frau

19.6 Secondhand-Braut- und Bräutigammode

Hier heißt die Devise: große Wirkung für wenig Geld. Wer Glück hat, kann in folgenden Läden das ein oder andere Schnäppchen machen. Vielleicht sind Sie auch auf der Suche nach einem Brautkleid aus den 20er oder 30er Jahren?

Le Bal
Horstweg 30
14059 Berlin
Tel.: 322 72 26

Made in Berlin
Potsdamer Str. 106

10785 Berlin
Tel.: 262 24 31

Colors Kleidermarkt
Bergmannstr. 102
10961 Berlin
Tel.: 694 33 48

19.7 Braut- und Bräutigammodeverleih

Für das kleinere Portemonnaie, aber auch für das Brautpaar, das für den Hochzeitstag nicht so viel Geld für die Garderobe ausgeben möchte, die danach vielleicht nur noch im Schrank hängt, bietet es sich an, in Leihgeschäften das Passende zu suchen.

Brautkleiderverleih:
Araxie Brautmoden
Klingsorstr. 112
12203 Berlin
Tel.: 834 37 81
Männer und Frauen, auch für
Schwangere

Kersten Thomas
Grätzwalder Str. 31
12589 Berlin
Tel.: 648 19 59
Nur Frauen

E. Konietzny
Mehringdamm 42
10961 Berlin
Tel.: 786 51 45
Männer und Frauen

Schneidermeister W. Runge
Verleih Charlottenburg
Bismarckstr. 99
10625 Berlin
Tel.: 312 11 87
Nur Männer: Frack, Smoking,
Cutaways

Le Bal
Kostüm- und Frackverleih
Horstweg 30
14059 Berlin
Tel.: 322 72 26
Männer und Frauen

Graichen
Klosterstr. 32
13581 Berlin
Tel.: 331 35 87
Männer und Frauen

19.8 Hüte, Schleier

Ob Zylinder, Strohhut oder Schleier, lassen Sie sich von Ihrer Hutmacherin inspirieren oder suchen Sie sich eine Kopfbedeckung von theatralisch bis einfach und dezent aus.

Chapeaux
Andrea Curti
Bleibtreustr. 4
10623 Berlin
Tel.: 312 33 73

Fiona Benett
Brunnenstr. 192
10119 Berlin
Tel.: 282 84 92

Hut up
Christine Birkle
Heckmann-Höfe
Oranienburger 32
10117 Berlin
Tel.: 28 38 61 05

Harry Lehmann
Brautschleier- und Kronen

Kantstr. 106
10627 Berlin
Tel.: 324 35 82

Christl Obermann
Anfertigung von Theaterhüten
Pacelliallee 15 A
14195 Berlin
Tel.: 831 58 45

Die Hutmacherin
Windscheidstr. 19
10627 Berlin
Tel.: 323 46 37

Katharina Siegwart
Oranienburger Str. 27
10117 Berlin
Tel.: 28 38 45 95

19.9 Friseure

Kleid, Make-up und Frisur brauchen mindestens einen Probenachmittag vor der Hochzeit. Je schlichter und dezenter die Frisur, desto mehr kommt die Persönlichkeit der Braut zum Vorschein. Bleiben Sie in jedem Fall Ihrem Typ treu. Sie sollten nicht entstellt aussehen. Lassen Sie sich auf keine Experimente ein und wählen Sie entweder einen Friseur Ihres Vertrauens, der Sie schon längere Zeit kennt, oder machen Sie mindestens einen Probebesuch in einem neuen Friseurgeschäft. Vier bis sechs Wochen vor der Hochzeit sollten Braut und Bräutigam zum Haareschneiden bzw. zu einer Beratung in Sachen Frisur gehen. Der Bräutigam sollte ein paar Tage vor der Hochzeit Nachschneiden lassen. Die Braut darf nicht vergessen, mit ihrem Friseur abzusprechen, zu welcher Uhrzeit sie am Tag der Hochzeit in den Salon kommen wird, bzw. ob der Friseur auch einen Haus- bzw. Hotelbesuch abstattet.

Udo Walz
Coiffeur
Kempinski-Plaza
Uhlandstr. 181–183
10623 Berlin
Tel.: 885 22 21

Dzwikowski
Friedrichstr. 82
10117 Berlin
Tel.: 20 39 42-0

Chudy
Fasanenstr. 65
10719 Berlin
Tel.: 883 76 76

mod's Hair (3x in Berlin)
Meinekestr. 6
10719 Berlin
Tel.: 883 66 87

Vidal Sassoon
Haircare GmbH
Schlüterstr. 38

10629 Berlin
Tel.: 884 50 00

Toni&Guay
Hairdressing
Kaiser-Friedrich-Str. 1 A
10585 Berlin
Tel.: 341 85 45

Gerhard Meir im Hotel Adlon
Unter den Linden 77
10117 Berlin
Tel.: 22 66 77-0

19.10 Kosmetikstudios

Auch hier gilt: weniger ist mehr. Versuchen Sie nicht kurz
vor der Hochzeit, Ihr Make-up und das heißt gleichzeitig
Ihren Typ oder Stil zu verändern. Lassen Sie sich in aller
Ruhe beraten und machen Sie mindestens einen Probe-
lauf. Planen Sie ein bis zwei Wochen vor der Hochzeit ein
Verwöhnwochenende ein: Gesichtsreinigung, Epilation,
Maniküre, Pediküre, Massagen, Solarium. Das wird Ihnen
guttun! Bleiben Sie Ihrem Parfüm treu und lassen Sie sich
auf keine unnötigen Experimente ein. In Kaufhäusern mit
Kosmetikabteilungen können Sie in der Regel nach vor-
heriger Anmeldung eine kostenlose Make-up-Beratung
bekommen.

Shiseido Beauty Galery
Bleibtreustr. 32
10623 Berlin
Tel.: 88 67 98 40
Hier können Sie eine breite
Palette an Shiseido-Produkten
probieren und sich beraten
lassen. Kein Verkauf.

Aveda Lifestyle Store
(Kosmetik, Maniküre, Pedi-
küre, Massagen)
Kurfürstendamm 29
10719 Berlin
Tel.: 88 55 27 57

DK Cosmetics und Nail Bar
(Kosmetiklinien)
Kurfürstendamm 56
10707 Berlin
Tel.: 32 79 01 23

Belladonna
Natürliche Kosmetik
Bergmannstr. 101
10961 Berlin
Tel.: 694 37 31

Marie France
Cosmetic Institut
Speziell Warmwachs-Epilation
Fasanenstr. 42
10719 Berlin
Tel.: 881 65 55

Alessandro Nail Design
(mehrfach in Berlin)
(Akazienpassage)
Hauptstr. 19
10827 Berlin
Tel.: 787 53 46

Nagel-Atelier (mehrfach in
Berlin)
Joachimstaler Str. 15
10719 Berlin
Tel.: 881 35 11

Galeries Lafayette
Französische Str. 23
10117 Berlin
Tel.: 209 48-0
(Kosmetik)

Quartier 206
Friedrichstr. 71
10117 Berlin
Tel.: 20 94 68 00
(Kosmetik)

KaDeWe
Tauentzienstr. 21–24
10772 Berlin
Tel.: 21 21-0
(Kosmetik)

19.11 Krawatten

Suchen Sie sich eine Krawatte, Fliege oder ein Tuch passend zu Ihrem Anzug aus. Natürlich sollte Ihre Wahl auch zum Brautkleid passen. Denken Sie daran, die Krawattenspitze muß direkt über dem Hosenbund enden.

Cravatterie Nationali
Kurfürstendamm 226
10719 Berlin
Tel.: 881 45 40

Krawattenzwang
Angelika Holz
Kaiser-Friedrich-Str. 5
10585 Berlin
Tel.: 34 70 30 87
Atelierbesuch nach Vereinbarung; Anfertigung auf Sonderwunsch

Krawattenschmiede Berlin
Europa-Center
10789 Berlin
Tel.: 261 48 89

Kaufhaus Schrill
Bleibtreustr. 46
10623 Berlin
Tel.: 882 40 48

Tie Rack
Im Bahnhof Zoologischer
Garten
Tel.: 315 25 04

fil à fil
Chemisiers Paris
Trends & Classics
Hemden, Krawatten, Accessoires
Quartier 206
Friedrichstr. 71
10117 Berlin
Tel.: 20 94 60 51

19.12 Täschchen

In den Brautmodeboutiquen findet man Stofftäschchen und Handschuhe. Wer etwas Ausgefallenes oder das passende Täschchen zum Kleid möchte, sollte es sich von einem der Berliner Modedesigner anfertigen lassen. Mit Sicherheit entdeckt man das ein oder andere ausgefallene Stück (z. B. aus Perlen) auf einem der Berliner Flohmärkte oder in einem der unzähligen Berliner Trödelläden.

19.13 Wäsche und Strümpfe

Es sollte jedem selbst überlassen sein, ob er oder sie sich für die Hochzeitsnacht noch was Hübsches kauft. Nicht nur in den nachfolgend vorgeschlagenen Boutiquen, sondern auch in großen Kaufhäusern kann man durchaus das Passende finden.

fishbelly
Grunewaldstr. 71 a
10823 Berlin
Tel.: 788 30 15

Körpernah
Maaßenstr. 10
10777 Berlin
Tel.: 215 74 71

Every Body
Dessous
Geisbergstr. 14
10777 Berlin
Tel.: 854 46 40

Rose Rosa
Bleibtreustr. 48
10623 Berlin
Tel.: 312 21 40

Gadischke
Dessous und Bademoden
Uhlandstr. 149

10719 Berlin
Tel.: 881 43 30

Feine Wäsche
Quartier 205
Friedrichstr. 67
10117 Berlin
Tel.: 20 94 44 80

L'Attesa
Dessous und Mode
Unter den Linden 77
10117 Berlin
Tel.: 229 02 91

H&M
Bodyshop
Tauentzienstr. 13 A
10789 Berlin
Tel.: 21 47 86 16

Männer sollten bei den Herrenausstattern und in den großen Kaufhäusern schauen.

M. B. S. Strumpfladen
(mehrfach in Berlin)
Wolford-Shop
Kurfürstendamm 66
10707 Berlin
Tel.: 883 62 54

Nylons
Knesebeckstr. 38–49
10719 Berlin
Tel.: 882 41 26

Falke-Strümpfe
Fasanenstr. 22
10719 Berlin
Tel.: 88 55 35 65

Fogal Strumpfladen
Kurfürstendamm 216
10719 Berlin
Tel.: 881 15 16

19.14 Schuhe

Die Schuhe sollten farblich zum Brautkleid passen. Braut
und Bräutigam sollten ihr Schuhwerk vorher richtig ein-
laufen. Denken Sie daran, der Hochzeitstag ist lang. Nicht
nur schöne, sondern auch bequeme Schuhe sind ange-
bracht. Ein bequemes Ersatzpaar sollte griffbereit stehen.

mapo
Oranienburger Str. 85–86
13437 Berlin
Tel.: 411 22 84
oder
Scharnweberstr. 15
13405 Berlin
Tel.: 495 09 90
Brautschuhe

Bürger
Brautschuhe in allen Farben

Finckensteinallee 145
12205 Berlin
Tel.: 817 59 34

Klassische Brautschuhe
finden Sie auch in den Brautmodeboutiquen.

Peggy Scholz
Schuhe nach Maß
Anklamer Str. 38
10115 Berlin

Tel.: 292 06 27
Brautschuhe

Diedrich&Seiberth
Schuhatelier
Gipsstr. 14
10119 Berlin
Tel.: 281 48 97
Schuhe für Braut und
Bräutigam. Individuelle
Anfertigungen

Trippen
Holzschuhe nach Maß
Rosenthaler Str. 40/41, Hof 5
10178 Berlin
Tel.: 28 39 13 37
Schuhe für Braut und Bräutigam.

19.15 Trauringe und Schmuck

Zur standesamtlichen Eheschließung benötigt man keine Trauringe. Dennoch hat ihr symbolischer Wert für viele Brautpaare große Bedeutung. Ob Sie nun die klassische Variante, das heißt schlichte Goldringe, oder lieber außergewöhnliche Trauringe aussuchen, der Trend geht wieder in Richtung Schlichtheit. Was an Ornamenten gespart wird, wird durch edles Material wie Gold und Platin wieder aufgewogen. Beliebt sind auch Bicolor- und Tricolor-Ringe, in denen sich Gelb-, Weiß- und Rotgold verbinden. Viele Paare lassen sich das Hochzeitsdatum, den Namen des Liebsten, Kosenamen oder andere bedeutungsvolle Wörter eingravieren. Oft wird die Gravur beim Kauf der Ringe gratis angeboten. Am besten bringen Sie einen passenden Ring zum Goldschmied oder Juwelier mit, so kann die Ringgröße genau bestimmt werden. Das erspart Ihnen den Verlust des Trauringes oder einen weiteren Weg ins Geschäft, um Änderungen vorzunehmen. Die Frage, an welcher Hand man den Ring tragen sollte, beantwortet sich leicht: In Deutschland tragen Verlobte den Ring links und Verheiratete den Ring rechts. International wird der Ring bei Verheirateten links getragen. Lassen Sie sich vom Juwelier noch ein Ringkissen für die kirchliche Trauung geben.

Bucherer
Kurfürstendamm 26 A
10719 Berlin
Tel.: 880 40 30

Seibert-Philippen
Giesebrechtstr. 15
10629 Berlin
Tel.: 883 64 46

Cartier
Fasanenstr. 28
10719 Berlin
Tel.: 886 70 60

Treykorn
Savignyplatz 13
10623 Berlin
Tel.: 312 42 75

Leon Lazar
Einzelanfertigungen
Skalitzer Str. 73
10997 Berlin
Tel.: 618 38 90

Wurzbacher
Exclusive Schmuckkreationen
Kurfürstendamm 36
10719 Berlin
Tel.: 883 38 92

Chauder & Jundef
Exklusive Anfertigungen
Fasanenstr. 73
10719 Berlin
Tel.: 882 13 84

Gerald Denner
Berliner Str. 5a
13507 Berlin
Tel.: 433 09 42

Schwermetall
Schmuck+Design
Hauptstr. 12
10827 Berlin
Tel.: 781 36 84

Juwelier Zerrmann
Schloßstr. 126
12163 Berlin
Tel.: 791 53 01

Uwe Grebe
Uhlandpassage
Uhlandstr. 170
10719 Berlin
Tel.: 883 19 90

Wempe
Friedrichstr. 82
10117 Berlin
Tel.: 20 39 99 20

Leicht
im Hotel Adlon
Unter den Linden 77
10117 Berlin

Tel.: 229 02 12

Juwelier Lorenz
Rheinstr. 59
12159 Berlin
Tel.: 851 20 20

Goldberg
1. Etage
Kurfürstendamm 196
10707 Berlin
Tel.: 885 73 40

20. Hochzeitsgeschenke

Wenn Sie Enttäuschungen vermeiden möchten, sollten Sie es nicht allein dem Zufall und Geschick Ihrer Gäste überlassen, welche Geschenke Sie zur Hochzeit erhalten. Es gibt verschiedene Möglichkeiten, Wünsche zu äußern.

20.1 Hochzeitstische

Hochzeitstische bieten sich für Paare an, deren Haushaltsausstattung noch ergänzt oder verbessert werden kann. Gehen Sie in ein Geschäft, das die Produkte Ihrer Wahl führt und suchen Sie aus, was für Sie als Geschenk in Frage kommt. Das ist sehr praktisch, denn die Hochzeitstische werden hübsch dekoriert und Ihre geladenen Gäste können während der Geschäftszeiten vorbeischauen und das passende Hochzeitsgeschenk auswählen. Das hat den Vorteil, daß Sie nichts Unnützes und auch nichts doppelt geschenkt bekommen. Zusammen mit der Einladung (siehe Kapitel »Drucksachen«) geben Sie an, daß ein Hochzeitstisch in Geschäft XY aufgestellt ist oder eine Hochzeitswunschliste in Geschäft XY ausliegt. Informieren Sie sich zwischendurch und vereinbaren Sie mit dem Geschäft einen Liefertermin.

Vitrine
English China & More
Fasanenstr. 11
10623 Berlin
Tel.: 31 50 43 77

Stadermann
Porzellan-Bestecke-Kristall
Kurfürstendamm 170
10707 Berlin
Tel.: 881 50 34

Rosenthal
studio-haus
Kurfürstendamm 226
10719 Berlin
Tel.: 885 63 40

KPM (4x in Berlin)
Verkaufsgalerie
Kurfürstendamm 27
10719 Berlin
Tel.: 88 67 21-0

Villeroy & Boch
Schloßstr. 102
12163 Berlin
Tel.: 792 05 08

WMF (5x in Berlin)
Kurfürstendamm 229
10719 Berlin
Tel.: 882 39 41

Hilliges
Clayallee 337
14169 Berlin
Tel.: 801 12 02

KaDeWe
Tauentzienstr. 21–24
10772 Berlin
Tel.: 21 21-0

Karstadt (mehrfach in Berlin)
Wilmersdorfer Str. 118
10627 Berlin
Tel.: 311 05-0

Kaufhof
Alexanderplatz 9
10178 Berlin
Tel.: 247 43-0

20.2 Wie sage ich es meinen Gästen?

Wenn sich heute zwei Menschen entschließen zu heiraten, besteht in der Regel bereits, wenn nicht gar zwei, so doch mindestens ein kompletter Haushalt. Die Geschenkwünsche des Paares sehen dementsprechend anders aus als noch in früheren Zeiten. Entweder wird die Grundausstattung des Haushaltes durch besondere Luxusgegenstände erweitert (siehe Hochzeitstische), oder die Wünsche bewegen sich in vollkommen andere Richtungen.

Warum sich nicht die Flitterwochen als Hochzeitsgeschenk finanzieren lassen? Geldgeschenke sind in der Tat nichts Ungewöhnliches mehr. Dennoch, die »Verpackung« des Wunsches nach Geld sollte stimmen. Wie sage ich es also meinen Gästen? Welcher Gast möchte schon gerne dem Brautpaar einen anonymen Umschlag zustecken? Beauftragen Sie einen Freund oder eine Freundin damit, den Wunsch nach Geld Ihren Gästen mitzuteilen. Richten Sie eventuell ein Konto ein, am besten ein Unterkonto Ihres bereits bestehenden Girokontos, das kostet nichts. So müssen Sie nicht hohe Geldbeträge am Tag Ihrer Hochzeit vor ungebetenen Langfingern schützen. Vielleicht wollen Sie die Hochzeitsgeschenke in bar für etwas ganz Verrücktes wie einen Flug- oder Segelschein oder für ein Wellness-Wochenende mit Ihrem Liebsten ausgeben, einen Tanzkurs belegen, endlich mal eine Fremdsprache erlernen oder das Geld für schlechte Zeiten anlegen. Teilen Sie Ihren Verwandten und Freunden Ihren Hochzeitswunsch mit, damit sie wissen, was mit dem Geld geschieht. Äußern Sie Ihre speziellen Wünsche schon auf der Einladung, indem Sie den Namen und die Telefonnummer der Person nennen, die sich um die Geschenkkoordination kümmert, den Laden erwähnen, in dem sich der Hochzeitstisch befindet oder die Kontonummer angeben.

Ganz gleich, wofür Sie sich entscheiden, wenn Sie die Geschenke am Tag der Hochzeit oder am Tag danach auspacken, tragen Sie gleich auf einer Liste ein, von wem Sie was geschenkt bekommen haben, damit Sie sich später besser für das Geschenk bedanken können. Auf der Gästeliste (siehe Kapitel 9) können Sie das vermerken.

20.3 Geschenkwunschliste

Hochzeitsgeschenke sind eine sehr individuelle Angelegenheit. Manche Paare finanzieren sich mit den Zuwendungen ihre Flitterwochen, andere vervollständigen ihren Haushalt, wieder andere legen ein Sparbuch an für härtere Zeiten. Hier finden Sie Platz, um sich ein paar Notizen zu diesem Thema zu machen.

Geschenke

21. Tanzschulen, die Hochzeitspakete anbieten

Die aufgelisteten Tanzschulen bieten speziell für den großen Tag Hochzeitspakete an, welche die wichtigsten Standardtänze vermitteln. Sie treffen auf Paare, die sich in der gleichen Situation befinden und für den Hochzeitswalzer gewappnet sein wollen. In erster Linie kommt es darauf an, die Standardtänze aufzufrischen. Auf der Hochzeitsfeier eröffnet das Brautpaar traditionell den Tanz mit einem Walzer. Nach ein paar Minuten tanzen die Eltern der Braut und des Bräutigams mit. Im zweiten Tanz schließt sich die Braut mit ihrem Vater zusammen und der Bräutigam mit seiner Mutter. Anschließend wird nochmals gewechselt. Jetzt tanzt die Braut mit ihrem Schwiegervater und der Bräutigam mit seiner Schwiegermutter. Erst dann ist der Tanz für die übrigen Gäste eröffnet.

Tanzschule Fink GmbH
Brautpaarkurse
Ahornallee 18
14050 Berlin
Tel.: 302 48 52

Tanzschule R. Keller
Hochzeits-Crashkurse
Bundesallee 215
10719 Berlin
Tel.: 218 74 42
Internet: http://www.tanz-schule-keller.de
EMail: info@r-keller.de

Tanzschule Broadway
Hochzeitskurse im Programm
Askanierring 155
13585 Berlin
Tel.: 375 20 20

Tanzschule bebop
Wie mache ich Tante Erna glücklich?
Gneisenaustr. 109
10961 Berlin
Tel.: 694 11 01

22. Drucksachen

Sie müssen schon mehrere Druckereien aufsuchen, um deren breites Spektrum an Einladungs- Tisch-, Menü- und Dankeskarten zu begutachten. Denken Sie auch an eventuelle Kirchenauslagen. Wichtig ist, daß Sie einen durchgängigen Stil beibehalten und die Karten nicht zu kitschig gestalten lassen. Im Set sind die Angebote immer günstiger, und es ist ratsam, alles auf einmal zu bestellen. Die Druckerei benötigt dann die komplette Gästeliste für die Tisch- und Menükarten. Wenn Ihr Restaurant oder Hotel die Menükarten kostenlos für Sie druckt, sollten Sie darauf achten, daß kein Stilbruch mit Ihren übrigen Drucksachen entsteht.

Sie können Geld sparen, wenn Sie selber kreativ werden. Vielleicht mit Hilfe eines Computers? Sie können auch in den nächsten Kopierladen gehen und sich vom Papier- und Farbangebot inspirieren lassen. Ob Collagen, Bilder oder schöne Schriftzüge, lassen Sie Ihrem Ideenreichtum freien Lauf. Es darf auch etwas Lustiges oder Persönliches sein.

Die Einladung ist der erste Wegweiser für Ihr Hochzeitsfest. Sie kann erst dann abgeschickt werden, wenn Ort und Termine der standesamtlichen und kirchlichen Trauung feststehen, wenn klar ist, in welchen Räumlichkeiten gefeiert wird und in welchem Rahmen. Die Zeiteinteilung muß jetzt schon perfekt, eventuelle Pausen vermerkt sein. Auch die Kleiderfrage sollte geklärt sein. Man geht davon aus, daß die Gäste wissen, was man zu einem festlichen Anlaß wie einer Hochzeit trägt, deshalb verzichten viele Paare auf den Hinweis »festliche Kleidung«.

Wer dennoch auf Nummer Sicher gehen möchte, kann einen kurzen Vermerk auf die Einladung schreiben. Man geht des weiteren davon aus, daß die Damen nicht im weißen Kleid erscheinen, um der Braut nicht die Show zu stehlen. Trägt die Braut eine andere Farbe, sollte sie auf der Einladung vermerken: »Die Braut trägt Rot.« Auch die Frage, wer die Hotelkosten übernimmt, kann mit der Einladung direkt geklärt werden: »Leider können wir bei der großen Anzahl von Gästen die Kosten für die Übernachtung nicht übernehmen« oder »Die Hotelrechnung übernehmen wir«. Ein Geschenkhinweis ist auch möglich. Sie sollten unbedingt eine Frist für die Rückmeldung setzen. Mit dem Vermerk »Um Antwort wird gebeten bis zum x. y. z«, erhalten Sie eine schnelle Reaktion auf Ihre Einladung, und Sie können besser planen. Vergessen Sie nicht, Ihre Postanschrift mit Telefonnummer anzugeben. Vielleicht geben Sie auch noch eine »Notfallnummer« (Handynummer) für Gäste von außerhalb an, damit sie Sie am Tag der Hochzeit auch noch erreichen können. Eine nette Geste Ihrerseits wäre auch, der Einladung für auswärtige Gäste eine Lagebeschreibung der Örtlichkeiten beizufügen, so daß sie schon einen ersten Überblick über die Entfernungen haben. Schließlich kennt sich nicht jeder gut in Berlin aus. Bevor Sie die Einladungen verschicken, sollten Sie mindestens einen Brief bei der Post wiegen lassen, denn es wäre etwas unangenehm, wenn der Empfänger noch Nachgebühren zahlen müßte. Haken Sie die Namen auf Ihrer Gästeliste ab, so daß niemand vergessen wird. Was die Menükarte betrifft, so lassen Sie sich von Ihrem Koch die genaue Bezeichnung der von Ihnen ausgewählten Gerichte nennen. »Taufrische Feinschmeckersalate mit Lachs und Großgarnelen« klingt einfach besser als »Salat mit Fisch«. Preiswerter als eine Menükarte und eine nette

Idee ist, wenn der Koch den Menüplan vorträgt. Die Gäste wissen so, wer hinterm Herd steht, und originell ist es obendrein.

Für die kirchliche Trauung ist es ratsam, den Gästen Angaben über Lieder und Verse auszuhändigen. Ihr Priester wird Ihnen dabei behilflich sein.

Die Danksagungen sollten Sie bald nach Ihren Flitterwochen in Angriff nehmen. Ihre Gäste haben Ihnen schöne Geschenke gemacht und Ihnen alle besten Wünsche auf den Weg gegeben. Jetzt liegt es an Ihnen, sich zu bedanken. Nach dem Motto: je persönlicher desto besser. Natürlich bereitet es viel Mühe, für jeden Gast die passenden persönlichen Worte zu finden, aber es ist einfach herzlicher. Gehen Sie nochmals kurz auf das Geschenk ein und beschreiben Sie vielleicht, was Sie damit anfangen werden. Ihre Gäste werden sich über eine sinnvolle Verwendung freuen. Scheuen Sie sich nicht, Geschenke umzutauschen bzw. umtauschen zu lassen. Was bringt es, wenn Sie Geschenke in eine Ecke stellen oder doppelt besitzen? Dafür hat jeder Verständnis, schließlich war jeder schon einmal in ähnlicher Situation. Fügen Sie Ihrem Dankschreiben auch ein paar Fotos bei und bereiten Sie dem Empfänger damit eine Freude.

Karte&Text
Erika Peters
Jägerstr. 15
12209 Berlin
Tel.: 773 33 77

Kettcards
Regensburger Str. 28b
10777 Berlin
Tel.: 21 47 47 20
www.kettcards.imNetz.de
(Nachdrucke historischer
oder persönlicher Fotografien, Entwürfe junger Künstler
und Grafiker, vermittelt auch

Künstler, die auf Hochzeiten porträtieren oder karikieren)

Boom Druckerei
Joachim-Friedrich-Str. 34
10711 Berlin
Tel.: 891 98 16

Schnelldruck
Schnellerstr. 26
12439 Berlin
Tel.: 63 97 93 28

Delphin Druck
Goethestr. 72
10625 Berlin
Tel.: 312 80 63

Khali Graph
Umweltfreundliche Druck-
werkstatt
Helmholtzstr. 29
10587 Berlin
Tel.: 39902973

Otto Wentzel's Druckerei
Leibnizstr. 28
10625 Berlin
Tel.: 312 81 78

23. Hochzeitsanzeige

Die Hochzeitsanzeige sollte am besten am Tag der Hochzeit in Ihrer Tageszeitung erscheinen. Am Tag nach dem Fest oder am darauffolgenden Wochenende ist die Schaltung der Annonce auch möglich. Beispiele für Größe, Grafik und Formulierungen bieten bereits gedruckte Hochzeitsanzeigen. So können Sie sich Ideen für Ihre eigene Anzeige holen. Sie können sich auch bei der Anzeigenannahme Muster zeigen lassen.

Berliner Morgenpost und BZ
Anzeigenannahme
Axel-Springer-Str. 65
10888 Berlin
Tel.: 25 91-61

Berliner Zeitung
Anzeigenannahme
Karl-Liebknecht-Str. 29
10178 Berlin
Tel.: 23 27-50

Der Tagesspiegel
Anzeigenannahme
Potsdamer Str. 87
10785 Berlin
Tel.: 260 09-0

taz (die Tageszeitung)
Anzeigenannahme
Kochstr. 18
10969 Berlin
Tel.: 259 02-263

24. Tischordnung

Die Tischordnung kann erst kurz vor der Feier gemacht werden. Denn es wird immer Gäste geben, die dann doch noch kurzfristig absagen. Es gibt zwei Möglichkeiten, Ihre Gäste am Tisch zu plazieren. Entweder Sie verlassen sich auf klassische Sitzordnungen nach Rang, die Ihnen die Qual der Wahl ersparen, aber Ihre Gäste vielleicht unglücklich machen, oder Sie versuchen Ihre Freunde und Verwandten nach Ihrer eigenen Einschätzung zusammenzusetzen. Auch dabei haben Sie zwei Möglichkeiten. Sie setzen entweder diejenigen zusammen, die sich bereits kennen und gerne zusammensitzen, oder Sie trennen die gewohnten Gruppierungen und setzen die Personen an einen Tisch, von denen Sie glauben, daß sie sich gut verstehen werden. Achtung! Auf einem Fest der Liebe sollte man Ehepaare und Pärchen nicht auseinandersetzen.

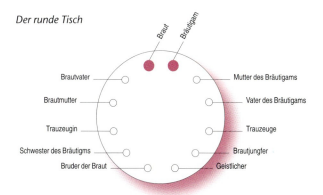

Der runde Tisch

Braut · Bräutigam

Brautvater — Mutter des Bräutigams

Brautmutter — Vater des Bräutigams

Trauzeugin — Trauzeuge

Schwester des Bräutigms — Brautjungfer

Bruder der Braut — Geistlicher

Machen Sie sich darauf gefaßt, daß einige mit der Tisch-ordnung nicht glücklich sein werden und das Hochzeits-fest bis zum geselligen Teil des Abends nur schwer ge-nießen können. Das kann leider vorkommen. Kümmern Sie sich während des Festes nicht darum, Sie können nicht alles einkalkulieren.

Die Anwendung der klassischen Sitzordnung hängt von der Form der Tische und von der Größe des Raumes ab. Im Folgenden werden Beispiele für runde, rechteckige, T- und hufeisenförmige Tische genannt. Sie sollten indivi-duell entscheiden, welche Tischform am besten in Ihre Räumlichkeit paßt oder vor Ort möglich ist. Kinder wer-den bei dieser Art jeweils an die Tischenden gesetzt. Es wird dabei vermieden, daß sich Gäste, die sich schon ken-

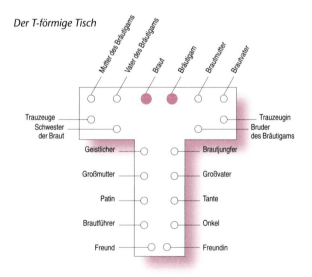

Der T-förmige Tisch

nen, zusammensetzen. Jeder Gast soll möglichst mit der Bekanntschaft eines Unbekannten »bereichert« werden.

Denken Sie auch an einen Tisch für Hochzeitsgeschenke und einen weiteren für den DJ. Für den geselligen Teil des Abends bieten sich auch ein paar Stehtische in der Nähe der Tanzfläche an, an denen man sich zwanglos unterhalten kann. Ein Rolltisch, um die Hochzeitstorte reinzufahren, ist auch von Vorteil. Für ein kaltes Buffet, eine Mitternachtssuppe oder Käse benötigen Sie logischerweise ebenfalls entsprechende Tische.

Wenn Sie in großer Gesellschaft feiern, sollten Sie die Tischordnung schon beim Sektempfang oder bei anderer Gelegenheit durch einen großen, gut sichtbaren Aushang (z. B. am Eingang des Festsaals) bekanntmachen. So kön-

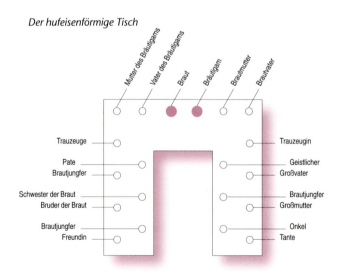

Der hufeisenförmige Tisch

nen Ihre Gäste schon frühzeitig nachschauen, wo sie sitzen und wer ihr Tischnachbar sein wird.

Wenn Sie eindecken oder eindecken lassen, achten Sie darauf, daß Ihre Gäste genug Beinfreiheit haben und die Stühle bequem sind. Die Tischdecke sollte schlicht sein und bis zum Boden reichen. Das verdeckt die Tischbeine und sieht elegant aus. Wie Gläser und Besteck bei festlichen Anlässen richtig dekoriert werden, ist in jedem guten Kochbuch nachzulesen. Achten Sie darauf, daß die Tische nicht mit den Getränken eingedeckt werden. Das kann u. U. billig aussehen. Wählen Sie eine Tischdekoration, die zu den Räumen und zu Ihren übrigen Arrangements paßt. Lassen Sie sich von Ihrer Floristin beraten. Kerzen, Bänder und Blumenarrangements können zu einem schönen Ambiente beitragen. Ihrer Phantasie sind auch hier keine Grenzen gesetzt. Blättern Sie ein paar Dekorationsbücher durch, lassen Sie sich inspirieren. Ihre persönliche Note sollte auch in diesem Bereich zum Tragen kommen.

Der rechteckige Tisch

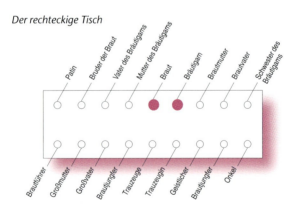

25. Reden, Gastauftritte und Spiele

Gastauftritte gibt es im Rahmen einer Hochzeit in allen Variationen. Ob Sie selbst, der Zeremonienmeister oder ein professioneller Hochzeitsveranstalter: die Reihenfolge der Gastauftritte in Form von Reden und Spielen muß abgestimmt werden. Klären Sie rechtzeitig, was Sie wollen. Möchten Sie auf Spiele oder auch Reden verzichten, sollte das von Ihren Gästen berücksichtigt werden. Auch Brautentführungen oder sonstige traditionelle Bräuche sollten unterbleiben, wenn Sie als Brautpaar dies ausdrücklich wünschen. Den traditionellen Ablauf einer Hochzeit gibt es sowieso nicht mehr. Individuelle Wünsche und Vorstellungen führen zu neuen Abläufen der Hochzeitsfeste. Und das ist auch gut so. Überzogene Etikette führt zu Steifheit. Das Hochzeitsfest sollte für Sie einmalig und unverwechselbar sein. Wollen Sie eine Pause zwischen der Trauung und dem Hochzeitsfest, dann legen Sie einfach eine ein. Möchten Sie nicht in Weiß oder mit Krawatte heiraten, dann lassen Sie es. Sie sollen sich wohl fühlen, es ist Ihr Tag.

Vor der Trauung

Der Polterabend in seiner traditionellen Form hat nahezu ausgedient und wird deshalb auch hier nur kurz erwähnt. Die von Ihnen zu einer Party eingeladenen Freunde und Bekannte bringen altes Porzellan mit, um es vor der Tür zu zerdeppern. Das soll böse Geister vertreiben. Das Brautpaar kehrt gemeinsam die Scherben auf, als Zeichen der Verbundenheit. Glück soll die Zeremonie nur bringen, wenn kein Glas (als Symbol für Glück) zerschlagen wird.

Der Polterabend verliert immer mehr an Bedeutung, weil er mit zusätzlichen Kosten verbunden ist und dem Brautpaar viel Streß am Vorabend der Hochzeit bereitet. Heute wird entweder von den Freunden eine kleine Überraschungsparty organisiert, oder das zukünftige Brautpaar trifft sich getrennt mit seinen Freunden und Freundinnen. Kleine witzige Geschenke oder auch ein paar Showeinlagen erheitern dieses Zusammensein und machen den Abend unvergeßlich. Die Braut bereitet sich vielleicht mit ihren Freundinnen auf den alten Hochzeitsbrauch vor und besorgt sich etwas Altes, etwas Neues, etwas Geliehenes und etwas Blaues.

Nach der Trauung

Unmittelbar nach der kirchlichen oder standesamtlichen Trauung werden viele frischgebackene Brautpaare mit Reis beworfen. Das soll Fruchtbarkeit symbolisieren. Es werden aber auch frische Blüten gestreut oder über das Paar geworfen. Der Brautstrauß wird traditionell nach der Trauung geworfen. Die unverheirateten weiblichen Gäste stellen sich in eine Reihe. Die Braut dreht ihnen aus einiger Entfernung den Rücken zu und wirft den Strauß weit nach oben in deren Richtung. Wer ihn fängt, ist die nächste Hochzeitskandidatin.

Nach der Trauung sind für den weiteren Verlauf des Hochzeitstages die Kreativität und die Feinfühligkeit der Gäste gefragt. Wie viele Gastauftritte verträgt eine Hochzeit? Die Mischung macht's.

Wenn alle sitzen, begrüßt der Bräutigam in der Regel alle Gäste mit einer kurzen Rede. Viele Paare stehen mittlerweile gemeinsam auf, um sich mit ein paar netten Worten an die Gäste zu wenden. Dann beginnt zunächst das Essen. Denken Sie daran, daß zu viele Reden nacheinander ermüdend wirken können. Die Regel ist, nur zwischen den einzelnen Gängen etwas vorzutragen. Schließlich soll das Hochzeitsmenü in aller Ruhe genossen werden, an den Tischen soll eine heitere Stimmung aufkommen.

Neben den klassischen Hochzeitsreden werden gerne eigens für den Anlaß geschriebene Gedichte oder kleine Musikeinlagen vorgetragen. Auch sehr beliebt sind Sketche oder kabarettistische Einlagen. Es darf gerne ein bißchen ironisch und sarkastisch sein, aber nicht böswillig. Eine witzige Idee ist eine Dia-Schau. Die Gäste können sich mit dem Hochzeitspaar über lustige Baby- und Jugendbilder amüsieren.

Schön ist auch, wenn sich jemand um das Erstellen eines Gästealbums mit Polaroidfotos kümmert. Jeder Gast wird fotografiert und kann neben das Bild noch ein paar Zeilen schreiben. Eine gute Idee ist, Einwegkameras auf den Tischen zu verteilen. So kann jeder Tisch »Schnappschüsse« abfeuern. Nach dem Fest werden die Kameras eingesammelt und entwickelt. Eine schöne Erinnerung an das Hochzeitsfest kann auch ein von allen Gästen gemeinsam gemaltes Bild sein. Eine Leinwand und ein paar Farben genügen, und jeder kann seine Empfindungen künstlerisch ausdrücken.

Nach dem Essen und noch vor Mitternacht schneidet das Hochzeitspaar die Hochzeitstorte an. Gemeinsam wird sie in Stücke zerteilt. Nachdem die ersten Bissen der Torte gegessen sind (das soll Glück in der Ehe bringen), wird der Rest an die Gäste verteilt. Um den musikalischen Teil des Abends einzuleiten, tanzt das Brautpaar einen Walzer, den Brautwalzer. Achtung, Bräutigam! Nicht gar zu heftig trinken und tanzen! Die Braut will noch über die Schwelle getragen werden!

In der Nacht

Meist wird dem Brautpaar noch ein Streich gespielt, um die Hochzeitsnacht ein wenig zu würzen. Die Streiche sollten aber nicht ins Geschmacklose abrutschen. Wer hat schon Freude an einer Brautentführung oder einer unerwarteten Vollversammlung der Gäste zur Unzeit? Brautleute hoffen auf liebevolle Streiche: Blechbüchsen, die am Auto festgebunden sind, Luftballons im Auto oder Schlafzimmer, damit man nicht hineinkommt, oder brennende Kerzen in der Wohnung oder im Hotel, die ausgepustet werden müssen, das Bett voller stachliger Rosen, die erst mal eingesammelt werden müssen, Sektfrühstück im Kühlschrank etc.

26. Der Zeitplan für den großen Tag

Der Zeitplan für Tag X ermöglicht Ihnen, den genauen Ablauf zu notieren. Davon profitieren wird in erster Linie Ihr Zeremonienmeister, der sich um die organisatorischen Dinge kümmert. Auch die Küche wird sich über die genauen Angaben des Ablaufes freuen, um Pannen zu vermeiden. Denken Sie daran, eine Pause zwischen der Trauung und der anschließenden Hochzeitsfeier wird Ihnen guttun. Sie können sich frisch machen, und für die Gäste besteht die Möglichkeit, sich für den Abend umzuziehen und neue Kräfte zu tanken. Eltern mit Kindern, aber auch andere Gäste werden darin eine willkommene Gelegenheit für ein kleines Nickerchen sehen. Je exaktere Zeitangaben Sie im Vorfeld machen, desto reibungsloser wird Ihr Hochzeitsfest ablaufen. Aber: Selbst bei perfekter Organisation sind Sie nicht vor Fehlern und Unvorhersehbarem gefeit. Tragen Sie es mit einem Lächeln, wenn etwas schiefgeht und lassen Sie sich nicht die Laune verderben. Genießen Sie Ihr Fest!

Uhrzeit	Ereignis
08.00 Uhr	
09.00 Uhr	
10.00 Uhr	
11.00 Uhr	
12.00 Uhr	
13.00 Uhr	
14.00 Uhr	
15.00 Uhr	
16.00 Uhr	
17.00 Uhr	
18.00 Uhr	
19.00 Uhr	
20.00 Uhr	
21.00 Uhr	
22.00 Uhr	
23.00 Uhr	
24.00 Uhr	
01.00 Uhr	
02.00 Uhr	
03.00 Uhr	
04.00 Uhr	
05.00 Uhr	

27. Nützliche Informationen

27.1 Wettervorhersage

Lassen Sie sich nicht von schlechten Wetteraussichten tyrannisieren. Es kommt, wie es kommen muß. Stellen Sie sich auf jede Wetterlage ein und sorgen Sie für Alternativen. Auch eine Hochzeit im Regen, unter Schirm oder Zelt kann romantisch sein, wenn man das Beste daraus macht.

Deutscher Wetterdienst
Allgemeine Wettervorhersage
für Berlin und Brandenburg
Tel.: 0190-11 64 16

Citywetter Berlin
Tel.: 0190-11 64 32

Reise- und Freizeitwetter
Mecklenburg-Vorpommern,
Brandenburg, Berlin
Tel.: 0190-11 60 03

Wochenwetter Mecklenburg-
Vorpommern, Brandenburg,
Berlin
Tel.: 0190-11 64 63

Berliner Wetter Telefon
stündlich aktuell

Wettervorhersage
Berlin/Brandenburg
Tel.: 0190-27 06 41

Radar-Wetterbericht
Tel.: 0190-27 06 42

Langfristprognosen
Tel.: 0190-27 06 44

Meteofax Wetterdienste GmbH
Wettertelefon
Berlinwetter
Tel.: 0190-27 06 41

Wetterfax
Radarbilder, Satellitenbilder,
Wetterkarten, Reisewetter, regionale Vorhersagen
Fax 0190-77 01 42

27.2 Sammeltaxen

Es ist ratsam, die Taxen, die man für den Transfer vom Flughafen ins Hotel, bzw. vom Hotel zur Kirche oder zum Ort der Feier benötigt, vorab zu bestellen. Ist absehbar, daß mehrere Personen gefahren werden müssen, ist ein Großraumtaxi von Vorteil. Das ist billiger, steht aber nicht immer auf Abruf bereit. Für den Transport der vielen, oft sperrigen Geschenke, die nach der Hochzeit nach Hause gebracht werden müssen, bietet sich die Vorbestellung eines Kombitaxis an. Für den Transport einer großen Hochzeitsgesellschaft stehen in Berlin sogar Omnibustaxen zur Verfügung.

Taxenvermittlung Würfelfunk
Tel.: 21 01 01

City-Bus KG
Taxi-Bus
Tel.: 69 80 99-0

BTB Bus-Taxi-Bärlin GmbH
Wollankstr. 20
Tel.: 485 24 00

Funk Taxi Berlin
Tel.: 26 10 26

Spreefunk
Tel.: 44 33 22

27.3 Pkw- und Busvermietung

Sind große Entfernungen zu bewältigen, oder findet die Feier vor den Toren Berlins statt, bietet es sich an, den Gästen ein Busshuttle einzurichten, damit Sie das Fest genießen, und nicht gänzlich auf Alkohol verzichten müssen. Gäste von außerhalb wollen unter Umständen unabhängig sein und deshalb einen Mietwagen benutzen.

Omnibusvermietung mit
Fahrer
BVB Bus-Verkehr-Berlin KG
City-Büro
Kurfürstendamm 229
10719 Berlin
Tel.: 885 98 80

BBS Berliner Bären
Luxusbusse in allen Größen
Seeburger Str. 19b
13581 Berlin
Tel.: 35 19 52 70

Rainbow Tours
Kantstr. 116
10627 Berlin
Tel.: 318 63 00

Sixt
Nürnberger Str. 65
10787 Berlin
Tel.: 212 98 80

Avis
Budapester Str. 41
10787 Berlin
Tel.:23 09 37-0

Hertz
Budapester Str. 39
10787 Berlin
Tel.: 261 10 53

Europcar
Messedamm 8
14057 Berlin
Tel.: 306 95 90

Rentocar
Kastanienallee 90
10435 Berlin
Tel.: 44 34 05 88

Robben & Wientjes
Prinzenstr. 90/91
10969 Berlin
Tel.: 61 67 70

27.4 Flughäfen

Legen Sie Ihren Gästen, die von außerhalb kommen eine
kleine Anfahrtsskizze mit den vollständigen Adressen bei
und überlegen Sie vorher, ob jemand die Gäste abholen
könnte.

Flughafen Tegel
13405 Berlin
Tel.: 4101-1

Flughafen Tempelhof
12101 Berlin
Tel.: 69 51-0

Flughafen Berlin-Schönefeld
12521 Berlin
Tel.: 60 91-0

27.5 Zugauskunft, Busbahnhof, BVG

Deutsche Bahn AG
Auskünfte für Reisezüge,
Fahrpreise, Reservierungen
und Bestellung
Tel.: 0180-599 66 33

Infotelefon der Deutsche
Bahn AG
Tel.: 297-129 71

Hauptbahnhof
Tel.:297-200 75

Bahnhof Lichtenberg
Tel.: 297-129 49

Bahnhof Schönefeld
Tel.: 297-295 17

Bahnhof Zoologischer Garten
Tel.: 297-493 50

Zentral-Omnibus-Bahnhof
Berlin
(ZOB)
Masurenallee 4–6
14057 Berlin
Tel.: 301 80 28 und
302 52 94

BVG-Kundendienst
Tel.: 194 49

27.6 Mitfahrzentralen

ADM Mitfahr-Zentrale Zoo
Tel.: 194 40

ADM Mitfahr-Zentrale Alex
Tel.: 24158 20

Citynetz Mitfahrzentralen
Joachimstalerstr. 17
10719 Berlin
Tel.: 194 44

Mitfahrzentrale ADM Bernzen
Yorckstr. 52
10965 Berlin
Tel.: 194 20

Mitfahrzentrale
Oderberger Str. 45
10435 Berlin
Tel.: 448 42 75

27.7 Mitwohnzentralen

Für Gäste mit kleinem Portemonnaie bietet sich die Unter-
kunft in einer Berliner Privatwohnung an. Sie sollten aber
vorher die Wohnung besichtigen.

Wohnwitz
Mitwohn-Zeitwohn
Holsteinische Str. 55
10717 Berlin
Tel.: 861 82 22

Berlin Projekte
Berliner Zimmer
Goethestr. 58
10625 Berlin
Tel.: 312 50 03

ABC
Agentur für Hotels, Appart-
ments und Wohnungen
Rheinsberger Str. 78
10115 Berlin
Tel.: 44 37 67-21

Casa Nostra
Internationale Mitwohn-
agentur
Winterfeldtstr. 46
10781 Berlin
Tel.: 23 55 12

27.8 Fremdenverkehrsamt

Viele Gäste von außerhalb benötigen ein Hotelzimmer. Wenden Sie sich bei Bedarf an das Fremdenverkehrsamt. Wenn Sie in einem Hotel feiern, sorgen Sie rechtzeitig dafür, ein entsprechendes Kontingent an Zimmern zu reservieren. Wenn Sie viele Gäste im gleichen Hotel unterbringen, sollten Sie einen entsprechenden Rabatt aushandeln.

Sorgen Sie dafür, daß eine Namenliste Ihrer Gäste mit deren speziellen Wünschen dem oder den Hotels rechtzeitig übermittelt wird. Wichtig zu wissen ist, ob Einzel- oder Doppel-, Raucher- oder Nichtraucherzimmer bevorzugt und wie viele Nächte insgesamt im Hotel verbracht werden. Auch die Frage, wer die Zimmer bezahlt, muß rechtzeitig geklärt werden. Dies sollte individuell entschieden werden. Es gibt hierfür keine festen Regeln. Lassen Sie sich schon beizeiten Optionen auf Hotelzimmer geben. Sie können dann immer noch absagen.

Verkehrsamt
Berlin Tourismus Marketing GmbH
– Europa-Center (Erdgeschoß Budapester Str.)
– Brandenburger Tor (Südflügel)
– Lufthansa Airport Center (Flughafen Tegel, Haupthalle)
Sammelruf 250025

27.9 Stadtrundfahrten, Stadtführungen und Theaterkassen

Die meisten Ihrer Gäste von außerhalb werden, wenn Sie am Wochenende heiraten, ein ganzes Wochenende in Berlin verbringen. Es wäre deshalb nett von Ihnen, wenn Sie Ihrem Besuch ein paar Sightseeing-Tips geben können. Organisieren Sie dies vorab. Überlegen Sie sich, wo Ihre Gäste essen gehen und welche aktuellen Ausstellungen oder Kulturveranstaltungen in Frage kommen können.

City Conzept
Rundfahrten und Führungen
Kaiser-Friedrich-Str. 86
10585 Berlin
Tel.: 341 00 34

Berolina
Stadtrundfahrten
Meinekestr. 3
10719 Berlin
Tel.: 88 56 80 30

Severin + Kühn
Kurfürstendamm 216
10719 Berlin
Tel.: 880 41 90

BBS – Stadtrundfahrten
Alexanderplatz (am Forum-Hotel)
10178 Berlin
Tel.: 35 19 52 70

Individuelle Stadtführungen
Architektur und Geschichte
Berlins
Lübecker Str. 25

10559 Berlin
Tel.: 395 97 99

Berliner Theater- und Konzertkassen
Im Nikolaiviertel
Spreeufer 6
Tel.: 241 46 35

Kaufhof
Alexanderplatz 9
10178 Berlin
Tel.: 24 74 33 27

Theaterkasse Centrum
Meinekestr. 25
10719 Berlin
Tel.: 882 76 11

Concert- & Theaterkasse City
Knesebeckstr. 10
10623 Berlin
Tel.: 0130-719271 (Nulltarif)

27.10 Schiffsrundfahrten

Siehe Kapitel 10.4 Festsäle und besondere Lokalitäten.

27.11 Babysitting

Der beste Weg, für Ihre Gäste einen geeigneten Babysitter zu finden, ist, sich im Freundeskreis umzuhören. Gäste, die mit einem Baby oder Kleinkind zur Hochzeit kommen, sind mit Sicherheit dankbar, wenn Sie ihnen einen Babysitter besorgen. Ob Sie die Betreuung bezahlen oder die Eltern des Kindes, liegt in Ihrem Ermessen, sollte aber rechtzeitig abgesprochen werden.

Kinderpension AHA
Ingwäonenweg 250
13125 Berlin
Tel.: 943 01 75
Das Kinderhotel nimmt kleine Gäste zwischen anderthalb und neun Jahren auf.

Studentisches Babysitting
– TUSMA-Technische Universität
Die studentische Arbeitsvermittlung
Hardenbergstr. 9a
10623 Berlin
Tel.: 315 93 40
– Heinzelmännchen Freie Universität

Studentische Aushilfen
Thielallee 38
14195 Berlin
Tel.: 831 60 71

Babysitter Service
Christine Stern
Walnußweg 27
12347 Berlin
Tel.: 704 22 98
Die in dieser Agentur arbeitenden Babysitter sind per Ausweis registriert, müssen ein polizeiliches Führungszeugnis vorlegen, eine Haftpflichtversicherung abschließen und im Umgang mit Kindern erfahren sein.

27.12 Tropenamt

Denken Sie rechtzeitig daran, sich impfen zu lassen, falls im Reiseland Ihrer Flitterwochen entsprechende Impfungen bei der Einreise verlangt werden. Falls Sie schon während der Flitterwochen Ihre Familienplanung umsetzen wollen, fragen Sie besser Ihren Arzt, welche gesundheitsschädliche Folgen die Schutzimpfung auf ein gewünschtes Kind haben könnte und wie lange Sie warten sollten.

Tropen- und Reisemedizinisches Institut W&T GmbH
Wiclefstr. 2
10551 Berlin
Tel.: 395 64 34
Tropen-Info 0190-87 21 24

Institut für Tropenmedizin
Spandauer Damm 130
14050 Berlin
Tel.: 301 16–6

27.13 Personalausweis und Reisepaß

Nicht nur Ihre Pässe und Ausweise sollten gültig sein, sondern auch die Ihrer Trauzeugen.

Landeseinwohneramt
Paß- und Ausweisangelegenheiten
Bredtschneiderstr. 5
14057 Berlin
Tel.: 3065-3

27.14 Örtliche Zuordnung der Postleitzahlen

Mitte: 10115, 10117, 10119, 10178, 10179

Friedrichshain: 10243, 10245, 10247, 10249

Friedrichsfelde, Karlshorst, Lichtenberg: 10315, 10317, 10318, 10319

Lichtenberg: 10365, 10367, 10369

Prenzlauer Berg: 10405, 10407, 10409, 10435, 10437, 10439

Moabit, Tiergarten: 10551, 10553, 10555, 10557, 10559

Charlottenburg: 10585, 10587, 10589, 10623, 10625, 10627, 10629

Charlottenburg, Halensee, Wilmersdorf: 10777, 10779, 10781, 10783, 10785, 10787, 10789

Schöneberg: 10823, 10825, 10827, 10829

Kreuzberg: 10961, 10963, 10965, 10967, 10969, 10997, 10999

Neukölln: 12043, 12045, 12047, 12049, 12051, 12053, 12055, 12057, 12059

Mariendorf, Tempelhof: 12099, 12101, 12103, 12105, 12107, 12109

Friedenau, Steglitz: 12157, 12159, 12161, 12163, 12165, 12167, 12169

Lichterfelde: 12203, 12205, 12207, 12209

Lankwitz: 12247, 12249

Marienfelde: 12277, 12279

Lichtenrade: 12305, 12307, 12309

Britz, Buckow, Rudow: 12347, 12349, 12351, 12353, 12355, 12357, 12359

Oberschöneweide: 12459

Johannisthal, Adlershof: 12487, 12489

Altglienicke, Bohnsdorf, Falkenhorst, Grünau, Karolinenhof, Schmöckwitz, Schönefeld: 12524, 12526, 12527, 12529

Köpenick, Müggelheim, Wendenschloß: 12555, 12557, 12559

Friedrichshagen, Hessenwinkel, Hirschgarten, Rahnsdorf, Wilhelmshagen: 12587, 12589

Hellersdorf, Kaulsdorf, Mahlsdorf, Waldesruh: 12619, 12621, 12623, 12625, 12627, 12629

Biesdorf, Marzahn: 12679, 12681, 12683, 12685, 12687, 12689

Falkenberg, Hohenschönhausen, Malchow, Wartenberg: 13051, 13053, 13055, 13057, 13059

Weißensee, Heinersdorf: 13086, 13088, 13089

Blankenburg, Buch, Buchholz, Karow: 13125, 13127, 13129

Blankenfelde, Niederschönhausen, Rosenthal, Wilhelmsruh: 13156, 13158, 13159

Pankow: 13187, 13189

Wedding: 13347, 13349, 13351, 13353, 13355, 13357, 13359

Reinickendorf: 13403, 13405, 13407, 13409

Wittenau: 13435, 13437, 13439

Frohnau, Hermsdorf, Lübars, Waidmannslust: 13465, 13467, 13469

Borsigwalde, Heiligensee, Konradshöhe, Tegel, Tegelort: 13503, 13505, 13507, 13509

Hakenfelde, Haselhorst, Pichelsdorf, Spandau, Staaken: 13581, 13583, 13585, 13587, 13589, 13591, 13593, 13595, 13597, 13599

Plötzensee, Siemensstadt: 13627, 13629

Charlottenburg, Eichkamp, Westend: 14050, 14052, 14053, 14055, 14057, 14059

Gatow, Kladow: 14089

Wannsee: 14109

Nikolassee, Schlachtensee: 14163, 14165, 14167, 14169

Dahlem, Grunewald, Schmargendorf, Wilmerdorf: 14193, 14195, 14197, 14199

28. Nach der Hochzeit

Jetzt sind Sie verheiratet. Herzlichen Glückwunsch! Und immer noch gibt es ein paar Dinge zu erledigen. Überlegen Sie sich vorher, wer am Tag nach der Hochzeit Ihre Geschenke nach Hause bringen könnte und wer die Endreinigung Ihrer gemieteten Räumlichkeiten besorgt. Vielleicht muß auch noch Geschirr im gereinigten Zustand zurückgebracht werden. Sie werden all diese Dinge nicht selbst erledigen können, denn Sie sind in den Flitterwochen. Wer gießt eigentlich Ihre Blumen, leert den Briefkasten und kümmert sich um Ihr Haustier während Ihrer Hochzeitsreise? Die meisten offenen Rechnungen können bis zu Ihrer Rückkehr warten. Trinkgelder sollten Sie, wenn möglich, unmittelbar nach der Feier verteilen. Sobald Sie wieder aus Ihren (hoffentlich traumhaft schönen) Flitterwochen zurück sind, können Sie zunächst in Ihrer Tageszeitung eine allgemeine Danksagung veröffentlichen. Sie sollten sich aber auch persönlich durch einen netten Brief bei Ihren Gästen für Kommen und Geschenke bedanken. Dann sind auch noch allerhand bürokratische Dinge in die Hand zu nehmen. Versicherungen wie Haftpflicht-, Rechtsschutz-, Private Unfall-, Hausrat- und Lebensversicherung müssen neu abgeschlossen oder ergänzt werden. Bei Namensänderung müssen Türschilder ausgewechselt, Banken, Versicherungen, Arbeitgeber, Krankenkassen, Finanzamt, Vermieter und Energieversorger benachrichtigt werden, auch der Eintrag ins Telefonbuch und gegebenenfalls Abonnements. Des weiteren sind Reisepaß und Personalausweis, Lohnsteuerkarte, Führerschein, Fahrzeugpapiere, laufende Verträge umzuändern.

Wenn all das getan ist, können Sie sich dann endlich zurücklehnen und mit den Hochzeitsbildern und Videofilmen Ihren schönen Tag nochmals erleben und in Erinnerungen schwelgen.

Ich hoffe, das Buch »Heiraten in Berlin« hat zu einem gelungenen Hochzeitsfest und einem schönen Start in ein gemeinsames Leben beigetragen.

Bildnachweis

Für die freundliche Bereitstellung der Fotos möchten wir uns bedanken bei: Ullstein-Bilderdienst, Schloß Hoppenrade, Schloß Reichenow, Hotel »Zur Bleiche«, Vierseithof, Hotel Adlon, Art'Otel Ermelerhaus, Kleiner Festsaal Hackesche Höfe, Konditorei Paedelt, Blumentick, Velotaxi GmbH, Husky-Showgespann, Chiton, Andrea Schelling-Gewänder, Erdmann-Herrenausstatter

Bitte beachten Sie ...

»Die Stadt, die schneller als ein Menschenherz sich wandelt.«

Zwischen Großstadt und ländlicher Vorstadt, im Gewimmel des Verkehrs und in der Gediegenheit der Salons, im Milieu der Arbeiter, in der Boheme, bei Künstlern, Emigranten, in Kneipen, Cafés oder einfach auf der Straße – hier waren viele der Autoren eine Zeitlang heimisch. Dieses Buch erzählt von ihren Erlebnissen und Amouren, ihren Abenteuern und ihrem nie gewöhnlichen Alltag. So entsteht ein vielfältiges und buntes Panorama einer Stadt, die ständig im Wandel begriffen ist.

Christiane Landgrebe/
Cornelie Kister
Flaneure, Musen,
Bohemiens
Literatenleben in Berlin
240 Seiten mit s/w-Abb.
Ullstein TB 35823

 Ullstein Taschenbuch

»Pack die Badehose ein...«

»Pack die Badehose ein,
nimm dein kleines Schwe-
sterlein und dann nischt
wie raus nach Wannsee«
sang Cornelie Froboess
1951. Erholung für die
ganze Familie bietet
Wannsee auch heute noch.
Ausspannen, wohnen und
arbeiten in Berlin: Die
dritte Kiez-Tour kiekt sich
um in der Köpenicker
Altstadt, am Insulaner und
in 42 anderen Bezirken.

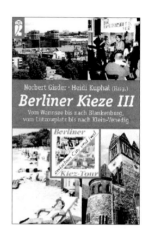

Mit Register, zahlreichen
Farbfotos und übersichtlichen Karten.

Norbert Gisder/
Heidi Kuphal (Hrsg.)
Berliner Kieze III
Von Wannsee bis nach
Blankenburg, vom Lützow-
platz bis nach Klein-
Venedig
204 Seiten
Ullstein TB 35891

 Ullstein Taschenbuch

»Berliner Kiez-Tour«

Dieses Buch porträtiert die
Hauptstadt so, wie sie
wirklich ist. Es zeigt die
Dörfer, die Viertel – die
hektische Großstadt und
die stillen Oasen, Ost und
West. Die Bezirksredaktion
der *Berliner Morgenpost*,
deren Serie »Berliner Kiez-
Tour« zu einem Muß für
Berliner und für Berlin-
besucher geworden ist,
beschreibt auch die
soziale, wirtschaftliche
und kulturelle Infra-
struktur der Kieze.
Mit zahlreichen Farbfotos,
übersichtlichen Karten
und Register.

Norbert Gisder/
Heidi Kuphal (Hrsg.)
Berliner Kieze
Von Alt-Biesdorf bis zum
Kudamm, von Lübars bis
zum Alex
Originalausgabe
200 Seiten
Ullstein TB 35824

 Ullstein Taschenbuch

Das zweite Kiez-Buch der erfolgreichen Serie

Mit Herz und Schnauze
geht es diesmal vom
Charlottenburger Savigny-
platz über Mahlsdorf,
Schmöckwitz und
Gropiusstadt bis nach
Adlershof und Schlachten-
see.

Mit Register, zahlreichen
Farbfotos und übersichtlichen Karten.

Norbert Gisder
Heidi Kuphal (Hrsg.)
Berliner Kieze II
Vom Savignyplatz bis nach
Schmöckwitz, von der
Schönhauser Allee bis
nach Eiswerder
Originalausgabe
204 Seiten
Ullstein TB 35889

 Ullstein Taschenbuch